魔法少女はなぜ世界を救えなかったのか？

ペク・ソルフィ、ホン・スミン
渡辺麻土香 訳

晶文社

마법소녀는 왜 세상을 구하지 못했을까？

Original Korean edition published by Dulnyouk Publishing Co.
Japanese translation arranged with Dulnyouk Publishing Co.
through Danny Hong Agency and CUON Inc.

This book is published with the support
of the Literature Translation Institute of Korea (LTI Korea).

装画＝ SAITEMISS
装丁=川名潤

凡例

・韓国の国内法では「児童」は18歳未満（児童福祉法）を、「青少年」は9歳から24歳まで（青少年基本法）を指す[※1]ため、両者を併記する場合、重複した表現になることがある。しかし本書の根幹は法律や行政ではなく児童学と文化学なので、児童期（Childhood）と青少年期[※2]（Adolescence）を区別して考える学界の慣習に倣い、必要と判断される場合には児童と青少年を併記している。

・原著の脚注は＊1、＊2を用い左頁に、出典は★1、★2を用い巻末に掲載した。訳者による注記は（　）を用い割注で挿入した。

※1　各自治体の青少年保護育成条例を見ると、日本では、おおむね「6歳から18歳未満」を青少年としているところが多い。

※2　日本の場合、「青年期」という言葉が使われている。

はじめに

発明された少女、発見された子ども

「大人」という立場から子どもの文化を一方的に判断するのは簡単なことです。一見すると単純そうな子どもの文化を形作る要素は、大人の力で容易にコントロールしたり看過したりできそうに見えます。そして大人は、ある文化的な要素を子どもにとって「有益だ」という理由で推奨したり、「有害だ」という理由で切り捨てたりします。ですが、これは本当にそんなに単純な問題なのでしょうか？

「少女文化」は、子どもの文化を評価することの難しさを端的に教えてくれます。なぜなら、少女文化の中には互いに相反する要素が共存しているからです。

ここで、少女文化の代表的なコンテンツである「魔法少女アニメ」を例に見てみましょう。平凡な少女が魔法戦士に変身して世界を救う姿は、少女たちに自信を持たせてくれるものなのか、それともミニスカートにハイヒールという服装で性役割をすり込むものなのか……。とても判断に迷います。

子どもの頃は、そうした二面性にあまり気付いていませんでした。ところが、当時好きだった少女向け作品を大人になって改めて見返すと、「どこがどう」とははっきり言えないものの、何となく相いれない複雑な感情が湧いてきたのです。

私は、そこで疑問を抱きました。私たちは、今なお次々と生み出され、消費される少女文化コンテンツを、どんなふうに捉えればよいのだろうかと。

幸いにも、こうした問いは決して新しいものではありません。少女文化に関する議論は、以前から歴史的・文化的・社会的な側面で継続的に行われてきました。本書では、前述した疑問の答えを探るべく、そうした過去の議論を掘り下げていこうと思います。ですが、その前にはいくつか準備が必要です。まずは私たちがこれから向き合うべき「子ども」「少女」、そして「文化の消費者」というものがどういう存在なのかを考えてみましょう。

生み出された「少女」

少女文化を知るためには、まず私たちが「子どもについて無知である」という自覚を持つことが必要です。実は、一般的に「年齢が低い者」とされる「児童」や、「幼い女性」という程度に捉えられている「少女」は本質的な存在ではなく、歴史的・文化的・社会的に生み出された存在です。さらに言うならば現代における児童観は、近代まで存在すらしていませんでした。『〈子供〉の誕生：アンシァン・レジーム期の子供と家族生活』（杉山光信・杉山恵美子訳、みすず書房）の著者であるフィリップ・アリエスは、ヨーロッパ社会では中世まで、子どもと大人の世界の違いは認識されていなかったため、前者から後者へ移行するという概念も存在しなかったと言っています。中世のヨーロッパでは離乳した子どもはすぐに大人の一員と見なされ、成長期にある児童の身体的・精神的な問題に関心を寄せる人もいなかったので、そうした問題は存在しないものとされていたのです。

中世の東アジアの児童観も同様でした。昔は乳児死亡率が非常に高かったので、幼児期の子どもに対する社会的な認識も現代と同じようにはいかなかったのです。大人期への移行に関しても、大抵の場合は婚姻などの文化的方式によって成立していました。韓国や日本をはじめとした東アジアにおいて、昨今のような現代的児童観が本格的に形成されるようになるのは、戸籍制度と近代的な学制が施行されてからです。

私たちが一般的に使っている「少女」という言葉の概念についても、状況はほとんど変わりません。朝鮮半島において「少女」という言葉は、近代に入るまで「未婚の幼い女性」が目上の人の前でへりくだる時に使う一人称でした。ちなみに、彼女たちは周りから「小娘」「お嬢さん」「処子《しょし》」「処女」といった単語で呼ばれていました。

一方、「少年」という言葉は近代に入るまで韓国語の語彙に存在しません。「未婚の幼い男性」がへりくだって使う一人称は「小子《しょうし》」「小人《しょうじん》」「小生《しょうせい》」「小身《しょうしん》」で、人々は彼らを指して「子ども」「男の子」「おのこ」「大丈夫《だいじょうぶ》」「青年」と言っていました。

「少女」が英語の「ガール」に相当する単語として生まれ変わるのは、日本留学を終えて帰国した当時18歳の崔南善《チェナムソン》が、1908年11月に雑誌『少年』の創刊号を発刊してからです。崔南善は創刊の辞で「我らが大韓帝国（1897年から1910年にかけて李氏朝鮮が使用していた国号）をして少年の国とせん」という声明を発表し、自身を含む10代の男子学生たちを指す言葉として、意味が近い英単語の「ボーイ」を用い、近代的な概念に基づく「少年」を世に広めました。こうして「少年」の主体と存在意義は崔南善をはじめとした開花期（1876年の日朝修好条規締結以降、朝鮮半島における西洋化と近代化が進んだ時期）の男性知識人によって確立されたのです。ところが「少女」に関しては、「少年」と対になる象徴的な表記としてしか存在していませんでした。それを証明する代表的な例が、開花期の女子学生が好んで読んでいた翻訳文学に見られます。

　当時の女子学生の間では、ジャンヌ・ダルクの英雄譚を記した『愛国婦人伝』が人気を博していたといわれています。これを翻訳した張志淵《チャンジヨン》は本の巻末で、17歳の少女ジャンヌ・ダルクを「フランスの楊万春《ヤンマンチュン》、乙支文徳《ウルチムンドク》、姜邯賛《カンガムチャン》（韓国で民族的な英雄とされている人物たち）」と称しています。そしてジャンヌ・ダルクは当時の朝鮮社会が必要としていた「愛国婦人」に該当するとして、その本を読んだ女性たちにもジャンヌ・ダルクのような「愛国婦人」になることを勧めました。結婚もしていないジャンヌ・ダルクを「婦人」と言ってしまうなんて、誤訳もいいところでしょう。しかし当時の男性知識人にとって、女性は幼い「小娘」か既婚者である「婦人」の二択しかありませんでした。そこで訳者の張志淵は、想定した読者層の「小娘」が目指すべき人物であるジャンヌ・

ダルクを「婦人」と称することにしたのです。

さて、当時の女子学生は自分たちを表す言葉として「少女」という単語を使っていたのでしょうか？　前述のとおり、彼女たちは一人称の謙譲表現としてしか「少女」という単語を使いませんでした。同じく「少女」という漢字語を持つ日本でも、彼女たちは自分たちを表すのに「少女」ではなく「女の子」という単語を使っています。こうした言語的状況は、当時の「少女」という概念が、少女たち自身ではなく、彼女たちを「少女」と名付けた第三者によって構築されたものであることを示しています。

透明人間扱いされる子どもたち

「子ども」と「少女」について理解できたら、次は何を準備すればいいでしょう？　私たちが次に知るべきは、自分たちが「文化の消費者としての子ども」について無知だという事実です。

子どもは一般的に、働いてお金を稼ぐ存在ではないことから「消費者」には該当しないと考えられています。権威ある児童消費文化の研究者ダン・クックは、消費文化に関する主要な研究や理論において子どもという存在が正しく理解されていないのは、そうした社会通念のせいだと批判しました。彼は消費者社会と文化の理論において、子どもは常に日常の中心にいながら透明人間のように扱われていると指摘しています。実際、これまでの消費文化研究において、児童は「正式な経済行為者」や「大人集団と同等の消費者」として正当に扱われることはなく、おまけや例外、オプションといった派生的、あるいは付属的・副次的な存在とされてきました。

そうした視点に立った研究は、「費用の支払い」という最終段階だけを消費行為と捉えている点で大きな批判を受けています。現代社会において消費行為とは、単に「お金を払う行為」だけにとどまりません。「消費者」や「消費集団」という単語も、代表してお金を払った個人を指すものではないのです。

ここで例を挙げてみましょう。大人の消費パターンというのは当然、子どもの有無によって変わってきます。もしそこで児童の存在を無視して、「家族」というユニットが生み出す消費を「一家の大黒柱（breadwinner）」個人の消費と捉えてしまったら、それぞれ異なる家族間の消費パターンの違いが、大人と子どもの間の相互作用の有無によって生じているという事実を見落とすことになります。つまり、消費者としての児童の影響力が過小評価されてしまうのです。

消費者としての児童を単なる「付属品」と考えてしまうのは、子どもを「現在（being）」ではなく「未来（becoming）」の存在として捉えているからです。一部の研究者を含む多くの人々は「現在の子どもたち」よりも、成人して社会に寄与する大人になったあとの彼らに期待しています。そうした発想の代表例として「消費者の社会化（Consumer Socialization）」のような発達論的アプローチが挙げられます。「消費者の社会化」とは、子どもが市場において消費者としての機能に関するスキルや知識、態度を習得する過程のことです。この理論に基づく消費行為とは、概念として無から有へと少しずつ発達していくものになります。そのため、真の消費集団と認められるのは習得が完了したと思われる大人の消費者だけで、何も習得できていない、もしくは習得が完了していないと考えられる児童は疎外されます。

ですがこれに対しては、多くの研究者が「社会化とはさまざまな方向に進むものであり、生涯にわたって続き、決して完了することのないもの」だと明言しています。例えば21世紀以降、養育者や高齢の家族が児童や青少年からスマート機器の使い方を習い、彼らに連れられてスマート機器を購入することが増えました。このように大人が子どもを通して新たな消費スキルや知識、態度を習得する現象は「逆社会化（Reverse-Socialization）」といわれています。これまでの消費文化研究は、養育者による子どもへの教育事例を中心に扱ってきたため見過ごされてきましたが、逆社会化はすでにあらゆるところで見られる一般的な現象なのです。このように現代社会においては、消費者としての学習や、消費者の社会化を完了させることは実質的に不可能になっています。[*1]

＊1　「社会化」という概念を「文化化」に変えるべきだという主張もあります。消費者の社会化に代わる概念である「消費者の文化化（Commercial Enculturation）」は「完璧な消費者」という「ゴール」の存在を否定する一方で、地域・性別・世代・社会的地位といったさまざまな階層における消費文化の存在に焦点を当てています。このように学術用語が、子ども一人一人のさまざまな状況や条件、生活環境および社会的な脈絡を概念的に包括するようになれば、子どもが文化化する過程で起きることをより細かく理解して解明することができるようになります。

子どもの文化に協力しますか？　傍観しますか？

もちろんこうしたアプローチも、子どもたちの発達過程を無視しているわけではありません。ここで伝えたいのは、未来の可能性だけを見て子どもたちの消費文化を論じたり、児童期の時点で見られるあらゆる現象を、あくまで一時的な状態にすぎないと決めつけたりしてはいけないということです。

少女文化を正しく捉えるためには、消費者としての少女に対する固定観念を取り払わなければなりません。子どもたちは、今を共に生きる大人と同等の存在であり、消費者仲間なのだという認識を持つ必要があります。それに加えて認めなければならないのが、子どもの文化は大人集団の完全なる統制下で動くことはなく、そもそも大人集団の統治下に置いてはならないということです。大人は支配者や傍観者ではなく、あくまでも子どもの文化の「協力者」でなければならないのです。

これから半世紀を超える長く短い時の中で少女文化がたどった足跡を振り返りたいと思います。少女文化はどのように構成されてきたのか、その過程で社会的・文化的にどういった議論が行われてきたのか、そして実際に少女文化を受け入れ享有するリアルな少女たちが、それらにどう対応してきたのかについてのお話です。

これまで数えきれないほど対象化・客体化されてきた「仮想の少女たち」の代わりに、私たちの身の回りで実際に息づいている現代の少女たちと、かつての少女たち、さらには未来の少女たちの声に直接耳を傾ける時が来ました。

すでに少女たちは次の一歩を踏み出しています。次世代の少女たちが、より大きく、たくましい、高みの夢を見られるようにと願ってやみません。

第1章　ディズニーは、どうやって プリンセスブランドを復活させたのか？

「ディズニープリンセス」ブランドの歴史

ウォルト・ディズニー・カンパニーは世界最大級のメディアグループの一つであり、キャラクターライセンスを最も多く保有している企業です。1937年に世界初のカラー長編アニメ映画を誕生させて以降、数十本の劇場用アニメを制作してきた同社は、2020年代に入ると映画制作会社であると同時に、TVチャネル、おもちゃ、テーマパーク事業をも手掛ける1953億ドル規模の文化現象にまで発展しました。[★1] その中でも「ディズニープリンセス」は55億ドル[*1]に相当するブランド価値を誇り、少女たちをターゲットにした代表的なブランドとしての地位を確立しています。[★2]

ディズニーが最初に発表した作品が『白雪姫』だったことから、「ディズニープリンセス」ブランドはディズニーの発足と同時に誕生したかのようにも見えます。しかし、このブランドが正式に企画されたのは、今からわずか20年ほど前のこと。文化的背景も生まれ育った地域や世代も異なる8人のプリンセスを一つのブランドとしてマーケティングするというアイデアは、ナイキの元役員で当時ディズニー・コンシューマー・プロダクツの社長だったアンディ・ムーニーが最初に提案したものでした。

ところで、皆さんは1986年からワールドツアーを続ける「ディズニー・オン・アイス」というショーをご存じでしょうか。2000年、アンディ・ムーニーはそのショーの会場で、ムーランと白雪姫の衣装を着た何千人もの子どもたちが、ディズニーキャラクターに扮したフィギュアスケーターに熱狂する光景を目にしました。彼いわく、現場はまるで「幼いプリンセスたちのためのロックコンサート」さながら。[★3] 彼はこの経験から「ディズニーのすべてのプリンセスを一つのブランドにまとめる」というアイデアを思いついたのでした。

当時、相当な論争を巻き起こしたこのアイデアは、ある研究者の表現を借りると「消費者が紙幣を使って投票した市場選挙」で圧勝します。2002年から2005年にかけて、「ディズニープリンセス」ブランドは、なんと300%もの成長率を達成し、くまのプーさんやミッキーマウスを抜いてディズニーで最も人気のあるブランドになりました。今日のディズニープリンセスは、90か国の市場において少女をターゲットにビジネスを展開する、名実ともに「世界最大規模のブランド」になっています。[★4]

＊1　ディズニーが「ディズニープリンセス」シリーズのライセンス契約をして米玩具メーカーハズブロから得た金額が55億ドルです。

チームディズニーの心肺蘇生メルヘン[*2]

この時、ミレニアル世代（1980年代序盤から1990年代中盤までに生まれた世代）の子どもたちの心をつかんだのは1937年に制作された『白雪姫』（日本公開は1950年）や1950年代に制作された『シンデレラ』、『眠れる森の美女』ではありませんでした。1984年、ディズニーはパラマウント映画のCOOだったマイケル・アイズナーを招いて、その他のスタジオからも積極的に人材を迎えます。この新しい役員陣は、ディズニーのアイデンティティの一つである「古典童話のリメイク」を推進しました。リメイクの際には、過去の性的・文化的差別や偏見をなくすべく、現代的なアレンジが加えられています。もちろん、すべての作品がそうした固定観念から完全に解放されたわけではありませんが、この時期のディズニープリンセス作品には、そうした挑戦の痕跡が見られます。

例えば彼らが手掛けた最初の作品『リトル・マーメイド』は、それまでディズニーが扱ってこなかったストーリーを生み出しました。物語の序盤で主人公のアリエルは、海底の世界を治める王である父のトリトンから地上の世界に行くことを禁じられています。しかし、神話学者のジョーゼフ・キャンベルが言うように、英雄の旅とは精神の重心を自分がいる社会の周辺から未知の領域へ移動させることによって始まるもの。[★5] アリエルもやはり危険を冒して魔女アースラと取り引きし、海底の世界を離れて地上の世界へと新たな冒険に出ます。もともと男性の主人公が独占してきた英雄譚の現代版である「アドベンチャー」というジャンルに、ついに女性の主人公が登場したわけです。

　これまでディズニーの作品が長きにわたって女性を抑圧された囚人のごとく描いてきたことを思えば、実に驚くべき変化でした。その後、『リトル・マーメイド』をはじめとしたディズニー作品のプリンセスは、それまでの借りを返すがごとく抑圧を拒み解放されて、ついにはヒーローになっていきます。本体制から生まれた最後のプリンセスであるムーランは、そういう意味で集大成といえるでしょう。

『ムーラン』はストーリーの中核をロマンスに頼らず、主人公の性格も伝統的な女性像とは異なる形で描いていました。映画の序盤に登場する「家に名誉を」の歌詞によれば、ムーランが生きた社会において「娘が家族に名誉を運」べるかどうかは「縁組次第」[*3]です。ところが、ムーランの場合は違いました。ここでも一つ、ムーランの戦友たちが理想の女性について語り合う「愛しき女《ひと》よ」の歌詞も見てみましょう。ムーランが自分の性格を遠回しに表現し、「頭よくて」「はっきりとものを言う子」[*4]はどうかと尋ねると、仲間たちは間髪入れずに「バカ」と突っぱねます。ですが、ムーランのその「頭のよさ」は、敵であるフン族の頭目シャン・ユーを討伐し、皇帝を救出する際に見事に生かされました。

＊2　メルヘン(märchen)はドイツ語で「童話」または「昔話」を意味します。
＊3　“A girl can bring her family great honor in one way by striking a good match and this could be the day.”
＊4　“How 'bout a girl who's got a brain who always speaks her mind ?”

ムーランは自身を抑圧する家父長制と有害な男らしさ（Toxic Masculinity）を払いのけようとしました。ところが、それと同時に足の悪い父に代わって国に仕え、「忠」と「孝」という伝統的・儒教的な美徳も重んじています。男性支配的な社会が女性に期待するものと、それとはかけ離れたムーラン自身の性格――。主人公ムーランを取り巻く主な葛藤は、そうした対立から生まれます。そのため彼女と同じような家父長的社会を生きていた私や私の友人たちは『ムーラン』を初めて見た時に、いい意味で大きな衝撃を受けました。ディズニーアニメの中で、「慎ましさ」や「しとやかさ」を強要された少女の主人公が、派手な武術スキルを発揮して皇帝に認められ、全国民から崇められるほどの偉大な英雄になるなんて！　とても信じられなかったのです。国民たちがムーランに敬意を示す最後のシーンを見た私は、とてつもない快感と感動を味わいました。きっといつか私や私の友人たちもあんなふうになれる！　……はずですよね？

権力を手に入れたプリンセス

アリエルからムーランに至るまで、映画の主人公たちは皆、伝統的な性役割に屈しません。彼女たちは慣習的に「男性的」とされてきた特性を有していたり、昔ながらの女性像を拒んだりしています。そうした彼女たちを見て、周りにいるキャラクターたちは眉をひそめました。彼女たちが旅を続ける上では、突破したり倒したりしなければならない家父長的な障害物も登場します。ですがストーリーが進んでいくと、最初は否定的だった周りのキャラクターたちも映画の観客である私たちと同様に、主人公が持つ固有のアイデンティティ――「性役割にとらわれない姿勢」がストーリー完結のためのカギなのだと納得するようになります。こうした包括的な女性主義はディズニープリンセスの物語の主軸となって、２０１３年の『アナと雪の女王』（日本公開は２０１４年）、２０１６年の『モアナと伝説の海』（日本公開は２０１７年）、２０２１年の『ラーヤと龍の王国』に受け継がれました。ですが、２０１０年から２０２０年までの「新しいディズニープリンセス」作品は、１９８９年から１９９９年までのディズニー作品とも大きく異なります。新しいプリンセスたちは、なんと「権力」を手に入れたのです。

子どもは、いつの時代もどこの地域でも、常に絶対的な弱者の地位や、最もつらく苦しい場所に追いやられてきました。彼らは強さや権力、権威といったものからかけ離れていた存在なのです。性別に関係なくスーパーヒーローや恐竜、ロボットのおもちゃが安定して売れるのはそのためなのかもしれません。そこには自分を押さえつける、あらゆる抑圧から解放されたいという子どもたちの強い思いが反映されているのでしょう。にもかかわらず、ディズニーアニメの長い歴史において主人公のプリンセスたちは「王族」と名乗ることさえはばかられるほど、ずっと権力から遠いところに置かれていました。

そんな中で２０１３年、ディズニーが『アナと雪の女王』で少女たちに提供したものこそが権力です。救国の英雄であるムーランにさえ最後まで与えられなかった絶対的な権力。確かにムーランもとてつもない能力を持っていましたが、それを余すことなく発揮するには、あまりにも大きな制約を課せられていました。封建的な価値基準に従って儒教的な義務を果たすという条件の下では、女性主人公が絶対的な自由を手にすることは不可能だったのです。

一方で『アナと雪の女王』のエルサとアナは、父親のために戦いに出ることはありません。彼女たちは誰かの部下でもなければ、誰かの保護の下にいるわけでもない。二人は自分たちの能力と権力を自覚し、取り戻し、享受し、ついにはアレンデール王国を治めます。映画の終盤、エルサとアナは自分たちの王国において、どこまでも自由で全能な存在になりました。かくして女の子たちは、スクリーンの中で初めて王になることができたのです。

もう王子なんていらない

全能で自由ではあるものの、ある意味では孤独な帝王の地位――。『アナと雪の女王』のエルサは、そうした孤独を如実に表したキャラクターです。そんな主人公に最も必要なのは、何といっても「いつもそばにいてくれるサポーター」でしょう。だからでしょうか、世界が凍りゆく危機の中で主人公が寒さによって傷ついた際、そのケガを治してくれたのは魔法のような姉妹愛でした。

あっ、もしかして、『アナと雪の女王』のことだと思いましたか？　いいえ、違うんです。これは『アナと雪の女王』の1年前に公開された別のディズニー映画『ティンカー・ベルと輝く羽の秘密』のお話です。

これまでディズニーのプリンセスは、「プリンス」がいて初めて成立する存在でした。作中のどこかには必ず主人公とロマンチックな関係を結ぶ男性のサポーターがいたのです。思い起こせば毒リンゴを食べた白雪姫には、キスで起こしてくれる王子様がいました。森の中で深い眠りについていたオーロラにも、魔女と勇ましく戦って彼女を長い眠りから覚ましてくれる王子様がいます。シンデレラがフェアリー・ゴッドマザーの力で美しく変身したのだって、王子様が開いた舞踏会に行くためでした。

ところが2010年代に入ると、ディズニーは新たな試みを始めます。『ティンカー・ベル』シリーズをはじめとした「ディズニーフェアリーズ」や、「ディズニープリンセス」といった自社ブランドの作中では、これまで王子様が担ってきたポジションを別の少女キャラクターが担うようになったのです。『ティンカー・ベルと輝く羽の秘密』では、ティンカー・ベルと双子の姉妹のペリウィンクルの交流によって、それぞれが住んでいた異なる季節の世界が四季の調和がとれた世界へと生まれ変わります。その過程では、どんな薬でも治せないという妖精の羽に出来た傷を、「姉妹愛」という魔法で治したりもしました。

ディズニーは2012年の『ティンカー・ベルと輝く羽の秘密』で描いた姉妹間の関係性を『アナと雪の女王』にそのまま反映させます。『アナと雪の女王』内の冒険はすべて、お互いを想うエルサとアナの気持ちから生まれました。それを証明するかのように、エルサとアナは全編を通して何度もお互いをピンチから救っています。最終的にエルサが自分の力を受け入れてコントロールできるようになったのも、アナとの姉妹愛のおかげでした。新世紀に入って少女主人公たちが勝ち取った権力の根源には、お互いを想い合う姉妹愛があったのです。

それから3年後の2016年に公開された『モアナと伝説の海』は『アナと雪の女王』よりもさらに一歩踏み込んでいます。エルサとモアナはどちらも後継者に選ばれ、それにより自分を押し殺して生きることを求められながらも、最終的には本当の自分を取り戻すという共通点を持っています。氷で城を建てられるほどの強靭な力を手袋で抑えていたエルサと同じように、大海原を自由に航海したいと願っていたモアナは、父から与えられた使命を胸に刻み自らの夢を封印しました。モアナの父で村長《むらおさ》のトゥイが、危険だからという理由で珊瑚礁の外に出ることを禁止していたからです。映画が始まってすぐに珊瑚礁を越えようとしたモアナは、その冒険を父に止められてしまいます。彼女の決定が島のみんなを危険にさらすことになるからと。ところが、間もなくして島が暗黒の闇に襲われると、モアナは選択を迫られることになります。父の言いつけに従うか、それともそれをはねのけて世界を救う冒険に出るか――。

この時、悩むモアナに手を差し伸べたのは、白馬の王子様でも、すてきな恋人でもなく、祖母のタラおばあちゃんでした。タラはモアナに外の世界のことのみならず、彼女自身の運命についても教えてくれる人物であり、女性間で行われる年長者から若者への「継承」を象徴する存在です。こうした存在は、ピクサーの『メリダとおそろしの森』にはいましたが、ディズニーの『塔の上のラプンツェル』にはいませんでした。タラは、自分がどういう存在なのか知っているかとモアナに問いかけ、先祖たちが海を渡って島々を開拓していたことを教えながら、自分の心の声に従うようにと絶えずモアナを諭しました。本当の自分を見つけるまで、モアナは常に自分を導いてくれる祖母の声と共に旅をしていたのです。

さらに2021年に公開された『ラーヤと龍の王国』では、これまでのディズニー作品にはなかった「悪友とのライバル関係」が描かれています。それが、ラーヤとナマーリの関係です。彼女たちは全編を通して互いに相手をつつき合い、時にはケンカもしています。しかし本作のメッセージである「信じる心」に呼応して、二人は最終的に互いを信頼するようになりました。

このように1990年代以降のプリンセスは伝統的な性役割を拒むのはもちろん、これまで男の子たちが独占してきた「英雄」と「冒険」を、すべての子どもたちの手に返しました。それに加えてジェンダーセンシティブ（社会的・文化的につくられた性差に対して敏感になろうという考え方のこと）の重要性が叫ばれるようになった現代、「運命の相手に出会うお姫様の話」ではなく「同性の仲間たちと共に世界を救う少女たちの話」へと変貌を遂げてきています。時はまさに「ニュープリンセス」の時代になったのです。

第2章　外は危険、ディズニーから離れないで

ディズニープリンセスが時代遅れだったころ

1990年代には『リトル・マーメイド』や『ムーラン』、『美女と野獣』、『アラジン』、『ポカホンタス』が、2010年代には『塔の上のラプンツェル』、『アナと雪の女王』、『モアナと伝説の海』がありました。それでは、2000年代に輝いたディズニープリンセスは誰でしょう？

ここで少し時間を巻き戻してみようと思います。家庭用ビデオ、いわゆるVHS（Video Home System）は名実ともに2000年代を代表する保存メディアでした。私も子どもの頃は仲のいい友達の家がレンタルビデオ店を営んでいたおかげで、よくビデオを借りてきて見たものです。ディズニーのアニメ映画は大人気なので、いつもケースが逆向きになって棚に差さっていました。「貸出中」のサインです。その後ケーブルTVが普及して、シネマコンプレックスが登場し、レンタルビデオ店が次々と姿を消した1990年代後半になると、自分でビデオテ

ープを買ってきて見ることも増えました。ＶＨＳに対する需要の高まりは、劇場公開を割愛し、いきなりビデオ化するというコンテンツ市場を切り開きました。それが日本アニメを好む韓国人の間で「ＯＶＡ（Original Video Animation）」として知られる「ビデオ映画（Direct-to-video または Straight-to-video）」市場です。

ウォルト・ディズニー・カンパニーの傘下にはアニメの制作スタジオが複数あります。そのうちの一つ、「ディズニー・テレビジョン・アニメーション」の下にはディズニー・ムービートゥーンズ（現ディズニートゥーン・スタジオ）がありました。１９９３年、ディズニー・テレビジョン・アニメーションの重役に就任したシャロン・モリルは、１９９４年に「ディズニービデオプレミア」をローンチし、ビデオ映画市場に乗り出しました。[★6] その後も１９９４年の『アラジン ジャファーの逆襲』（日本発売は１９９５年）に始まり、１９９６年には『アラジン完結編 盗賊王の伝説』（日本発売は１９９７年）、１９９７年には『美女と野獣 ベルの素敵なプレゼント』（日本発売は１９９８年）、１９９８年には『美女と野獣 ベルのファンタジーワールド』と『ポカホンタスⅡ／イングランドへの旅立ち』（どちらも日本発売は１９９８年）、２０００年には『リトル・マーメイドⅡ Return to The Sea』（日本発売は２００６年、以下『リトル・マーメイドⅡ』）、２００２年には『シンデレラⅡ』、２００５年には『ムーラン２』（日本では先行して２００４年に発売）、２００７年には『シンデレラⅢ 戻された時計の針』、２００８年には『リトル・マーメイドⅢ はじまりの物語』と、１９９０年代に制作されたディズニー映画の続編にあたるビデオ映画が次々に作られました。

このころディズニーの劇場用２Ｄアニメは、その大部分が８千万ドル以上の莫大な予算をかけて作られており、大々的なマーケティングの下、２億７３００万ドルの興行成績[*1]を収めていました。[★7]一方でディズニー・ムービートゥーンズのビデオ映画は、１５００万ドル未満の予算で１億ドル以上の収益を上げています。[★8]劇場に行くのが難しい乳幼児層をターゲットにしたこうしたビデオ映画は、主にビデオテープの販売とレンタルによって成果を収めました。

韓国でもこうしたビデオ映画が流通していた時期がありました。私も当時、タイトルに引かれて『リトル・マーメイドII』をレンタルしたのですが、そこで「ん？」と違和感を覚えてしまいました。私はシーズン１の主人公であるアリエルの物語を期待していたのに、『リトル・マーメイドII』は、アリエルではなく彼女の娘のメロディの物語だったのです。私も私の友人たちも、みんなきょとんとしてしまいました。『リトル・マーメイドII』の中では、劇場版で私たちを魅了したあの美しい海底の景色も、口ずさみたくなるような挿入歌も、心をつかむメッセージも、何もかもがくすんでいたからです。色彩や絵のクオリティーも、劇場版とは雲泥の差でした。

映画館で『ダイナソー』や『チキン・リトル』、『ボルト』といった３Ｄアニメ作品が上映されていた当時、１９９０年代の作風を引きずったブラウン管の中のディズニーアニメは、どこか古めかしくて時代遅れな印象がありました。低予算で作られたビデオ映画は、劇場版と比べて全体的にクオリティーが低く、新たに追加・変更されたストーリーラインのせいで観客は裏切られたような気持ちになったのです。キャラクターライセンスのゴリ押しも、ブランドの価値を大きく落とす結果につながりました。当時『リトル・マーメイドII』を見た私たちは口をそろえて言いました。こんなの『リトル・マーメイド』じゃない！

そうした事情もあり、今からほんの10年前、2010年代の初頭には、このままプリンセスの物語も廃れるかに思われました。新世紀に入ってディズニープリンセスは、すっかり「時代遅れ」の代名詞に成り下がってしまったのです。ディズニーは自社コンテンツの中でさえプリンセスの物語を露骨にさげすみ、マーベルコミックや『スター・ウォーズ』シリーズ、ディズニーフェアリーズのほうに注力していきます。超能力で世界を救い、宇宙をかっ歩するヒーローや、魔法で空を飛ぶフェアリーが相手では、プリンセスたちに勝ち目などないでしょう。

ディズニープリンセスの復活

ところが、そんな予想に反してディズニーは2009年に『プリンセスと魔法のキス』（日本公開は2010年）を、2010年には『塔の上のラプンツェル』（日本公開は2011年）を公開し、そこから3年後の2013年には『アナと雪の女王』でディズニープリンセスの復活を世に知らしめました。当時、某シネマコンプレックスでアルバイトをしていた私は、小さなお客さんたちがあまりにも

＊1　2002年に公開された『リロ・アンド・スティッチ』（日本公開は2003年）の制作費は8千万ドルで、興行収入は2億7300万ドルを記録しました。

多くて、目が回るほど忙しかったことを覚えています。9つあるスクリーンのほとんどで『アナと雪の女王』を上映しているというのに、それでもチケットを買えないお客さんが出るのです。子どもを抱いた親御さんたちからは一日に何度となく、立ち見でもいいから劇場に入れてくれと、せがまれたほどでした。

こうした人気に後押しされて、2019年には『アナと雪の女王2』が公開されました。ディズニープリンセス史上初の「劇場用アニメとして企画され、劇場公開された続編」である『アナと雪の女王2』は、その存在そのものがディズニープリンセスブランドの華々しい復活を物語っているように見えました。なぜなら、それまでのディズニーは、アニメ作品の続編を企画する際に、劇場公開を優先していなかったからです。そんなディズニーの「劇場用の続編」公開は、まさに異例のことでした。私はそれを見て思いました。ディズニープリンセスの時代が戻ってくると。

思ったとおり、2016年に公開された『モアナと伝説の海』も、公開翌年には『アナと雪の女王』『ズートピア』に次いで、ディズニー歴代興行成績ランキングトップ5に入りました。★9 消費者たちは、帰ってきたディズニープリンセスに驚くほどの支持を表明したのです。ディズニーの副社長兼グローバル・スタジオ・フランチャイズ・ディベロプメントのジェネラルマネージャーだったメアリー・ビークは、2009年に受けたあるインタビューで「ディズニーこそ正統なプリンセスブランドだと信頼してくれる母親たちのおかげで、我々のブランドは存続できるのだ」とまで語っています。[★10] それにしても消費者たちは、一体どうしてディズニープリンセスにそこまで肩入れするのでしょう？ そして「新しいディズニープリンセス」のどんなところが、10年もの空白期間を経て再び人々を引きつけたのでしょうか？

女性キャラクターが主役の作品数は？

もしかすると、「他に選択肢がなかった」というのが、その理由かもしれません。ディズニーとピクサーは児童向けコンテンツ市場において、女性キャラクターを主役にする比率が比較的高いのです。児童コンテンツを主に制作するライバル他社の作品と比べてみれば、その差は歴然。ディズニーとピクサーは、その点で他の大手アニメ制作会社を大きくリードしています。

１９８９年から２０１８年までの約30年間、大手アニメスタジオが制作した１１０本の映画のうち、女性キャラクターが主役の作品はたったの21本でした。[★11] そんな中、同期間に50本の映画を制作したディズニーとピクサーは、17本の作品で女性

過去30年間に大手アニメスタジオで制作されたアニメの現況

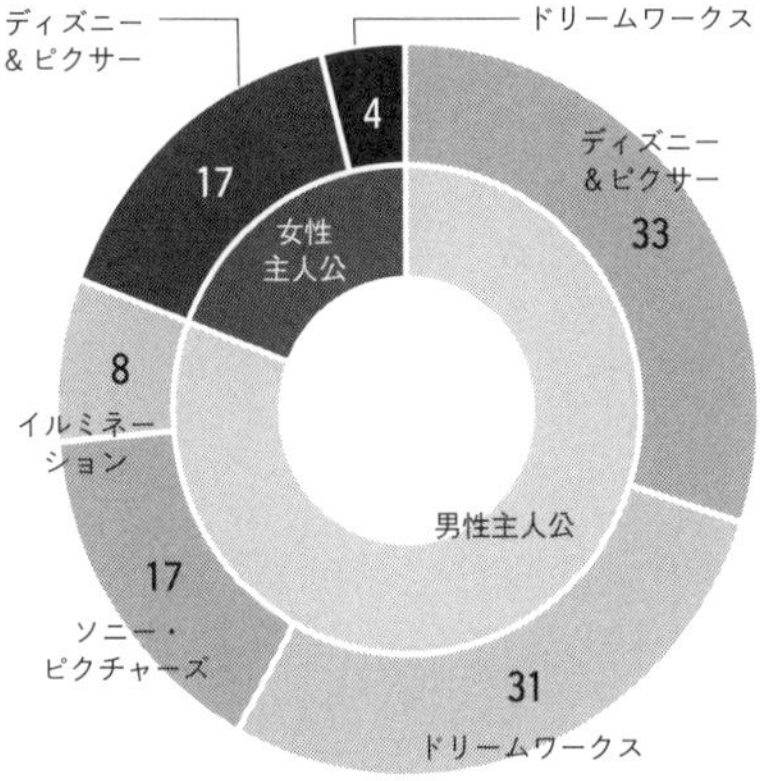

キャラクターを主役にしています。一方、大手ライバル会社のドリームワークスは、制作した35本のうち、わずか4本でしか女性キャラクターを主役にしていません。同じくライバル会社のソニー・ピクチャーズアニメーションとイルミネーションは、それぞれ17本と8本の映画を制作していますが、その中に女性キャラクターを主役にした作品は1本もありませんでした。女性を主役にした21本の作品のうち、実に17本も制作しているとは。確かにディズニーは群を抜いているといえるでしょう。

ディズニーとピクサーは、女性を主役にした作品を増やし続けています。きっと同社の過去の成功が女性を主役にした映画、つまり「ディズニープリンセス」によってもたらされたものだと気付いたのでしょう。１９８９年から１９９９年までのいわゆる「ディズニー・ルネサンス」期のディズニーは、女性を主役としたアニメ映画を14本制作していました。反対に停滞期だった２０００年から２００９年は3本しか作っていません。その後、２０１０年から２０２０年にかけて再び女性キャラクターを積極的に登用するようになった同社は、制作した22本のうち12本でダブルヒロインを含む女性キャラクターを主役に据えています。

娘を持つ親として私が絶対的にディズニーを支持する理由

こうしたディズニーの姿勢はジェンダーに対する昨今のトレンドをいち早く取り入れたもののようにも見えますが、少し厳しい言い方をするならば「票集めが得意な政治家のような行動」

とも見ることができます。彼らは世代の先頭に立つ小さな観客たちに、誰でも語れる程度の「軽い」女性主義的メッセージを提示するばかりで、より進歩的で革命的なストーリーを打ち出し、積極的に変化の先鋒に立っているわけではないからです。

確かに2010年代から2020年代までの新しいプリンセスたちは、1930年代から1950年代までの作品を基盤としたディズニーの時代遅れなイメージをうまく覆したように見えます。それも当然のことでしょう。エルサは雪と氷を自在に操る強い「雪の女王」であり、モアナは初めて登場したポリネシア神話の中の英雄で、ラーヤは東南アジア文化を背景とした作品の主人公なのですから。

それでも詳しく見れば気付いてしまいます。彼女たちも結局は、大きな目になめらかな肌とつややかな髪を持つティーンエイジャーなのだと。それぞれ異なる文化的・時代的背景や性格を有する反面、みんな一様に「若くて美しい」ヒロインたち。もちろん、そんな彼女たちには完璧なボディラインを持つフィギュアやコスメ、ドレスなどのグッズがついて回りました。「ニューディズニープリンセス」マーケティングはポリティカル・コレクトネス（性別や民族、宗教などの違いに対して差別や偏見に基づく表現をしないようにすること）を追求する一方で、昔のプリンセスたちと根本的には変わらないという事実を否定することはできないのです。

もしここで少女たちが自分たちをターゲットにしたアニメ映画ではなく、別のコンテンツを選択したらどうなるでしょう？　著名なフェミニズム研究者のアンジェラ・マクロビーとジェニー・ガーバーは1977年に論文「少女とサブカルチャー」の中で、保護者たちは女児に対してより保守的で過保護になる傾向があると言っています。[★12] 女児たちが社会の中でさらされるヘイトや暴力、犯罪といった危険が、その傾向を生み出しているのでしょう。

21世紀に入ってからはユーチューブを筆頭に、さまざまなメディアプラットホームにおいて、あらゆる児童向けコンテンツが洪水のごとくあふれています。それに伴い大人が児童向けコンテンツに接する機会も大幅に増えて、大人と子どもが同じコンテンツを共有するといった現象も一般化してきました。こうしたデジタルメディア時代にあっては、保護者が不安を抱くのも当然で、それも無理はないだろうと考える社会の風潮があります。

世の中は危険でいっぱいですから、保護者としてはどうしても「少女の、少女による、少女のための」ブランドと言えるディズニープリンセスを消費する我が子を見ることで安心を得たくなるのでしょう。子どもがディズニープリンセスにハマっている間は、周囲にはびこる性的な危険を回避することができますから。保護者たちがディズニープリンセスに向ける「信頼」の奥には、自らの手で子どもを守れることへの安心感と、子どもに危険な社会を見せたくない親心、そして子どもにはどこまでも安全でいてほしいという願いが込められているのです。

とはいえディズニープリンセスを見せたからといって、少女たちは必ずしも社会的早熟や性的対象化、ひいては子どもに対する性犯罪といった実質的な危険から守られるとは限りません。少女たちが直面するこうした状況は、ディズニープリンセスが消費されるようになった原因を教えてくれるだけで、消費したあとの結果は保障してくれないのです。

むしろ、こう考えることもできるはずです。少女とその保護者たちは、女性や児童に対するヘイトのせいで、市場のごく一部しか選択できない状態に追いやられているのかもしれない、と。

第3章 女の子は人形を、男の子はアクションフィギュアを本能的に求めるのか？

レイはどこ？

2012年、ウォルト・ディズニー・カンパニーは『スター・ウォーズ』シリーズを制作してきたルーカスフィルムを買収し、シリーズの7作目にあたる『スター・ウォーズ フォースの覚醒』の制作に乗り出しました。2015年12月18日にファンの期待と憂慮の中で公開された同作は、公開と同時にヒットを記録し、社会現象にまでなっています。興行収入は公開2か月で20億ドルを超え、『アベンジャーズ エンドゲーム』が公開されるまでの間、歴代3位を記録したほどでした。

ところが、そんな人々の熱い期待を背負った「市場」という舞台にレイ（デイジー・リドリー）の姿はありませんでした。『スター・ウォーズ』最新作の主役は彼女であるにもかかわらず、世界最大規模を誇る玩具メーカーのハズブロは、レイを抜きにしてアクションフィギュアシリーズを販売したのです。ミレニアム・ファルコンを模したモノポリーも同様でした。レイこそが、そのミレニアム・ファルコンの操縦士だというのに、です。
舞台上に主役がいないという、おかしな事態に多くのスター・ウォーズファンは声を挙げました。SNSに、「#WhereIsRey?」というハッシュタグを付けて、レイが省かれた商品や大型販売店のおもちゃ売り場の写真をアップし、ディズニーとハズブロの意図的な性差別に抗議したのです。この動きは、すぐに主要なウェブメディアの目を引くことに成功し、ついには『スター・ウォーズ フォースの覚醒』や『スター・ウォーズ スカイウォーカーの夜明け』の監督であるJ・J・エイブラムスを筆頭に、同作に出演した多数の俳優らが、子どもたちのためのレイのおもちゃがないことを公然と批判するに至りました。[★13]
ディズニーとハズブロはこれまで、女性キャラクターが商品化されないことについて、性差別的な意図はないと表明してきました。しかし2016年1月25日、経済専門誌『フォーブス』は匿名の内部告発を下記のように報じています。
スター・ウォーズのおもちゃは男の子向けの商品。男の子たちは女性のアクションフィギュアで遊びたがらないのだからレイは商品から除外しろと、制作者から具体的に指示されました。[★14]

女の子向けのアクションフィギュアはありません

世界屈指のメディアグループであるディズニーと、世界有数の玩具メーカーであるハズブロがこれほど愚かな決定を下していたとは、何ともお粗末な話です。とはいえ、根深い差別意識というのは、時として毒薬のごとく大企業の経営判断をも揺るがしてしまうもの。

おもちゃ市場の性別分けは、1959年にマテルのバービー人形が「少女向け」のおもちゃの代名詞に、1964年にハズブロのG.I.ジョーアクションフィギュアが「少年向け」のおもちゃの代名詞になって以来、業界内の慣行になりました。何社もの玩具メーカーが長きにわたってその姿勢を貫き、時にはそれを強く主張してきたのです。女の子たちは、かわいいお人形でしか遊ばないし、男の子たちはヒーロー的なアクションフィギュアしか欲しがらないのだから、それぞれの市場は分けるべきであり、互いの領域を侵してはならないと——。

前述したとおり、当時ディズニーが占有していた少女市場は「ディズニープリンセス」でした。ディズニープリンセスは毎年10億ドル以上もの収益を出し、世界市場1位の座を守っていました。なお、次いで2位を獲得していたのは『スター・ウォーズ』です。[★15]

ディズニーは虎視眈々と少年市場への進出を狙っていました。2009年にディズニーが40億ドルでマーベルを買収したのは、そうしたもくろみあっての行動です。ディズニーはプリンセスを拡大させるのではなく、男の子向けとしてすでに有名なブランドを買収することで領域を広げていったのでした。その結果、同社は驚くほどの成果を収めました。この時の経験は、

２０１２年に46億ドルでルーカスフィルム、すなわち『スター・ウォーズ』ブランドを買収する上でも役に立っています。

こうしてディズニーは、おもちゃ業界に伝わる眉唾物の成功法則を固守するようになっていきました。少女たちが元来プリンセスを求めるように、少年たちは先天的に武器を好んで「女性的なもの」は拒むという、あの主張を妄信するようになるのです。同社はかつてあるインタビューで、男の子たちが敵を倒すヒーローものや対戦ゲームにのめり込むのは、女の子たちがプリンセスごっこをするのと同じく「本能的な遊びのパターン」であり[★16]、ディズニーはただ「主な発達段階に従って的確な商品を提供している」だけだと主張しています[★17]。

そんな過去のインタビューまで持ち出すなんて、ディズニーは一体『スター・ウォーズ』に関してどんなマーケティングをしたのかと疑問に思われたことでしょう。ディズニーとハズブロは、レイのアクションフィギュア化を許さぬ一方で、カバーガールの『スター・ウォーズ』コレクションやストームトルーパーのネックレス、ドレス風のコスチュームを発売しました。スクリーンの中のヒロインにはライトセーバーを操らせ、宇宙をかっ歩させておきながら、現実世界の少女たちには「ピンク」な商品を薦めていたのです。

このように性差を必要以上に強調し、男の子なら、女の子ならこれを欲しがるのが普通だと社会的な暗示をかける行為は、結果として子どもを含む消費者に、自分は自発的に商品を選んでいるという錯覚を起こさせます。自分は女の子だからこの商品を買うように「誘導された」

のではなく、自分は女の子だからこの商品を好むのは「当然」だと感じさせるのです。玩具メーカーはこうした巧妙なマーケティングを通して、おもちゃを「子どもの趣向を構築するための社会的な存在」ではなく、単に「生まれながらに持つ欲求を満たすだけの物体」へと格下げすることで、あらゆる批判や社会的責任をかわしています。

ですが、その主張は本当に正しいのでしょうか？　バービー人形で有名なマテルの改革事例を見ていけば、そうではないということが、すぐに分かると思います。

ハイヒールを履いたバービーから、インビジブル・ジェットに乗ったワンダーウーマンへ

１９５９年、人類史上最も注目すべき人形が誕生しました。アメリカの小さな玩具メーカー、マテルの創業者でＣＥＯのルース・ハンドラーがバービー人形を世の中に送り出したのです。マテルがすべての子どもたちの手に人形を行き渡らせて以降、金髪に青い目をしたバービーは世界中の人々を代表する「人間の形」となって何十年もの間、市場を支配してきました。

当初、バービーの肌の色は一種のみ。１９５９年から１９７９年までは髪色もブロンドかブラウンに限られていました。１９８０年代初頭にはアフリカ系とラテンアメリカ系のバービーも発売されましたが、変わったのは文字どおり「色」だけということで、論争は避けられませんでした。文化的背景が異なる人形だというのに肌の色が違うだけで、金型は白人のバービーを作る時と同じものが使われていたのです。

マテルに向けられた厳しい批判に対し、マーケターたちは1940年代に行われた研究結果を根拠として、子どもたちは「金髪でガリガリに痩せた青い目の人形を好む」と主張しました。人形の容姿が画一化されているのは人種差別などではなく、子どもたちが「生まれながらに持つ好み」を反映しているだけだとして批判をかわしたのです。これは子どもの趣向と、おもちゃにおける人種差別の相関関係を否定する主張でもありました。要するに、おもちゃ業界は子どもたちの画一的な容姿の好みには関与していないから、責任を追及してくれるなというわけです。こうしてバービーは世界最大の人形ブランドであり、世界一有名な白人女性の名前として永遠に少女たちの世界を支配するかに思われました。

ところが2001年にMGAというメーカーがブラッツ人形を発売すると、バービーはその歴史上初めて「ライバル」という存在に出会います。バービーとは違って、ブラッツには複数の主役がいました。それぞれ異なる文化的背景を基にデザインされた人形たちは、生き生きと大胆に青少年期を描き出していました。ブラッツのこうした試みの中心には多文化主義がありました。ブラッツはアメリカをはじめとした全世界の消費者たちが持つ「多様性への要求」に気付いていたのです。ブラッツ誕生の翌年にあたる2002年以降、次第に落ち始めたバービーの販売量は、2012年まで下落の一途をたどりました。

マテルは程なくして、消費者はバービーに変革を求めているという結論に至ります。そこで同社は2016年に、バービーの代表的なシリーズ「バービーファッショニスタ」において「プチ」「トール」「カービー」という3種類の体形と7つの肌色を持つ新しい人形を生み出しました。より現実味のある体型や肌トーンを提供することで、少女たちが自分に似た人形をたやすく見つけられるようにしたのです。その後もバービーは2019年に車いすタイプを発売するなど、多様性路線の拡大を続けてきました。その結果、「バービーファッショニスタ」シリーズは2020年には9つの体型と35種類の肌トーンに加え、ショートカットやアフロ、ドレッドヘアなどを含む94種のヘアスタイルをそろえています。

それにもかかわらず、マテルはいまだにおもちゃ業界の性別分けの慣行にとらわれています。そもそもその慣行が本格的に始まったきっかけもバービー人形でした。しかし21世紀を生きる少女たちに歩み寄ろうというマテルの新たな試みは、段階的によりよい結果を生み出していくかもしれません。マテルは、すでに女性キャラクターだけで構成されたアクションフィギュアシリーズ「DCスーパーヒーローガールズ」をヒットさせ、ドリームワークス・アニメーションの「シーラとプリンセス戦士」で自社キャラクター、シーラの派生商品をよみがえらせているのですから。

DCスーパーヒーローガールズは、マテルが自社のオリジナル女性ヒーロー、シーラ以来30年ぶりに送り出した女児向けアクションフィギュアシリーズとして、それまで女児向けにはめったに商品化されてこなかったバットモービルや戦闘機といった装備も一緒に売り出すなど、あらゆる面で斬新な挑戦をしてきました。同シリーズのヒットは、その後ハズブロがマーベルライジングを作る際、女性ヒーローのフィギュアを多く加えるという決定を下す上でも追い風として作用しています。もし玩具メーカーたちがかつて主張していたとおり、女児はかわいい人形しか好まず、男児はアクションフィギュアしか欲しがらないというのが「生まれながらの趣向」によるものだとしたら、マテルの挑戦やハズブロの決定に納得のいく説明はできないでしょう。

子どもと社会のかけはし、おもちゃ

ところで、「#WhereIsRey?」運動で激しい抗議を受けたディズニーとハズブロは、自社の販売戦略を全面的に見直したのでしょうか？　まさか、そんなはずはありません。とはいえ、かなり大きな問題にはなったので、『スター・ウォーズ』のおもちゃのラインナップには、とりあえずレイの席が用意されました。そうして新たな『スター・ウォーズ』シリーズは、天文学的な金額を稼ぎ出しています。

ですが、ここで少し立ち止まって考えてみましょう。もし、こうした紆余曲折を経ることなく、初めから最終形態に至っていたとしたら、きっと企業としての営業利益はもちろんのこと、それ以上に大きな社会的利益をも生み出すことができたはずです。

子どもたちが遊ぶおもちゃが「社会を反映した存在」になってしまったら、玩具メーカーの利益は減るだろうという仮説は、マテルの事例によってすでに否定されました。おもちゃは子

どもと社会のかけはしです。おもちゃ産業が誕生するずっと前から必需品として存在し、子どもたちの世界を構成してきたものなのです。今後はその事実を熟知する企業だけが、結果として子どもたちと自社の双方により多くの利益をもたらすことになるのでしょう。

第4章　子どもには思う存分遊ばせよ！

非生産的とされる遊び

遊びは何も生み出しません。遊びでは財を成すこともできなければ、業績を残すこともできません。そのため遊びは「生産性のない活動」で、労働とは対極にあるものと認識されています。人々は軽い気持ちで遊びに没頭し、それによって休息や楽しみを得る一方で、遊びなど何の役にも立たない無駄なことだとも考えています。

そうした発想は、遊びと余暇の重要性を過小評価することにつながります。韓国に限らず世界の多くの地域では、遊びは軽薄なもの、非生産的な活動とみなされているのです。遊びとレクリエーションに参加する児童の権利とその重要性が正しく理解されずに軽んじられてしまうのも、そうした社会通念があるからです。そのため保護者の多くも、子育てをする上で、遊びよりも生産的だと思われる勉強や経済活動を優先させてしまいます。

しかし、そうした社会通念に反して「児童の権利に関する条約[*1]」の第31条は「締約国は、児童が文化的及び芸術的な生活に十分に参加する権利を尊重しかつ促進するものとし、文化的及び芸術的な活動並びにレクリエーション及び余暇の活動のための適当かつ平等な機会の提供を奨励する」と明示しています。この内容を補足する「ジェネラルコメントNO.17」は、子どもの生活における遊びおよびレクリエーションの重要性が1959年の児童の権利に関する条約においてすでに認められていることを記すとともに、すべての子どもは遊びやレクリエーションのための機会を与えられるべきで、社会と国家はこの権利の提供を奨励しなければならないと強調しています。

それにしても、遊びに対する社会通念と専門家たちの助言がこれほどまでに一致しないのはなぜでしょう？ その答えを知るには、まず遊びとは何なのかを知る必要があります。

遊びたい人が遊びたい時に遊びたいだけ遊ぶこと

国連子どもの権利委員会は、子どもの遊びは「子どもたち自身が主導し、統制しかつ組み立てる振る舞い、活動またはプロセスである」と言っています。つまり遊びとは、誰かに強制されたり特定の目的を持って受動的に行われたりするものではなく、子どもの内面にある動機によって自発的に行われる行動なのです[★18]。

これはレクリエーションも同様です。国連子どもの権利委員会が下したレクリエーションに関する定義は、音楽、芸術、手工芸、スポーツ、遊戯など非常に広範囲な活動を包括すると同時に子どもが自発的に選択する活動や経験に制限されています。また、こうした活動の多くは大人によって組織・運営されるものであったとしても、レクリエーション自体は自発的活動であるべきで、義務的・強制的な遊戯およびスポーツ、または青少年団体への参加はレクリエーションではないとしています[★19]。

こうした自発性の強調は、90年以上も前から行われている「遊びの研究」に基づいています。１９３８年、ヨハン・ホイジンガは著書『ホモ・ルーデンス』（高橋英夫訳、中公文庫）において遊びの要素が文明に与えた影響について歴史的なアプローチを通して探究しています。彼は同書で、「人間文化は遊びのなかにおいて、遊びとして発生し、展開してきた」と説いており、文化とは遊びによって生まれるものだと結論づけています[★20]。彼が提示した根拠は以下のとおりです。

まず彼がいう遊びの源泉には「自由」があります。ホイジンガによれば、遊びとは自発的なものです。「命令されてする遊び、そんなものはもう遊びではない。せいぜい、押しつけられた遊びの写しでしかありえない」のです。それに加えて遊びとは、決して義務的に行われるも

＊１　国連子どもの権利条約とも呼ばれる「ＵＮＣＲＣ」は、強制力を持つ国際条約として１９８９年11月20日に国連総会で採択されて以降、歴史上最も多くの国家が批准した人権条約になりました。これを批准したすべての締約国は自国の国内法の範囲内で当該条約の規定が法的な効力を発揮できるように努める義務を負っています。韓国は１９９１年11月20日に当該条約を批准しました（https://www.refworld.org/docid/3ae6b38f0.html）。

のではありませんから、参加者の意思によって、「いつでも延期できるし、まったく中止してしまおうと何ら差し支え」ありません。要するに、遊びたい人が遊びたい時に、遊びたいだけ遊ぶというわけです。こうした自発性が遊びにおいて必要不可欠な原動力として存在する限り、どんなに複雑で厳格なルールの下に行われる遊びであろうとも、その根底には自由が存在するとホイジンガは言っています。[★21]

とはいえ、もし遊びに参加する者たちが皆、身勝手な振る舞いをしたら、どうなってしまうでしょう？　遊びはすぐに成立しなくなるはずです。ここで一つ、例を挙げてみましょう。子どもの頃、チーム分けのためにじゃんけんをすると、時々自分が作ったおかしな手を出す子がいました。「剣」だとか「ライター」だとか、おかしな名前を付けて、グー（石）・チョキ（ハサミ）・パー（紙）のすべてに勝てる手だと主張するのです。

しかしホイジンガが言うように、「どんな遊びにも、それに固有の規則」があります。遊びのルールは何が遊びで、何が遊びではないかを決めてくれるのです。そのため普遍的なじゃんけんにおいては、ハサミは紙を切れても石には壊され、石はハサミを壊せても紙には包まれ、紙は石を包めてもハサミには切られてしまうという基本ルールだけが許容されます。合意によって新しいルールが生まれることはありますが、じゃんけんの根幹を揺るがすようなルールの場合は、一時的に使われたとしても、すぐに無効になります。基本原則が壊れたじゃんけんは正しく行えないばかりか、もはや「じゃんけん」でさえなくなってしまうからです。

もちろん、遊びに参加する子どもたちは誰だって勝ちたいと思っています。だからこそ「剣」や「ライター」といった、既存のルールを壊せるだけの特別ルールを作るのです。それでも遊びに参加する子どもたちは皆、ハサミは紙に勝ち、紙は石に勝ち、石はハサミに勝つという単純な約束が破られた瞬間に、遊びそのものも壊れるという事実をよく承知しています。だから恣意的にルールを規制しながら、勝ちたい欲求をどうにか抑えて既存のじゃんけんのルールに従うのです。

つまり遊びにおけるルールは、強制的であると同時に参加者自らが受け入れた自発的な制約でもあるわけです。ルールは遊びを続けたいと思う参加者たちの欲求によって維持されます。遊びを続けたければ、遊び自体が壊れるのを防ぐため、うわべだけでもルールを尊重しているように見せる必要が出てくるのです。

このようにホイジンガは、他者と一緒に遊びを続けるために規則を守りとおす意思と、それによって形成される秩序と自由の間にある協調とバランスが「遊びの精神」の核だと考えました。そしてこうした遊びの精神こそが、法・政治・芸術・戦争など人類の文明に関わるすべてのものの礎であり、文明や社会、文化活動を発展させる主要な原動力の一つだと結論づけました。

子どもを排除する社会、子どものせいにする大人

遊びの精神が子どもの成長に重要な役割を果たすという事実は、すでに多くの研究結果によって証明されています。子どもたちは遊びによって交渉したり、対立を修復したりする方法を学ぶとともに、感情のバランスを保ちながら決定を下す力を養います。彼らは遊びと余暇の活動を通して行動・学習し、周りの世界を探検および経験する過程で自分たちの社会的役割を理解して、社会の一員になる術を学ぶのです。

遊びと余暇の活動はもちろん一人でも行うべきことですが、同年代の子どもたちや周りの大人たちと過ごすすべての時間においても行われるべきことです。なぜなら子どもは大人と同年代、双方との関係から大きな影響を受けるからです。彼らは同年代との交流を通して自分たちの言葉や遊戯、その他の文化的知識を得ながら、その世代の経験というものを構築していきます。それに加えて、大人たちと良好な交流をすることで独立心を育み、成人期への転換について探求するようになるのです。これは社会的なアイデンティティと所属感を養う上で、子どもたちが必ず通るべき道です。

ところが、こんなにも多くのメリットと必然性があるにもかかわらず、児童の権利に関する条約に明記された子どもの権利はきちんと履行されていないのが現実です。一つ、例を挙げてみましょう。最近、いわゆる「ノーキッズゾーン」という名の下に商業空間への児童と青少年の出入りを禁止する違法行為が横行しています。彼らは、レクリエーションや余暇の活動――

なかでも特に児童と青少年のレクリエーションや余暇の活動は、生存に不可欠なものではないから排除してもかまわないと主張しています。こうした現状は、私たちの社会が公共の場において弱者への寛容性を失ってきたことの証明と言えるでしょう。

児童の出入りを制限するショッピングモールやその他の商業施設、児童の通行に制限をかける共同体や公園のほか、日増しに厳しくなる騒音基準に、行動が厳しく制限された遊び場など。社会が子どもを隔離する方法は実にさまざまです。もちろんこれらはすべて直接的に条約に違反する行為ですから、国連子どもの権利委員会も各国のこうした風潮に憂慮を示しています。児童を排除する空間が増えれば、その分だけ子どもの遊びや余暇、文化活動も妨げられてしまうからです。

また、こうした違反行為は児童の不可視化にも直結します。大人は子どもと行動を共にすることで、彼らの視点を学ぶ機会を得ます。そうした経験は子どもとの効果的なコミュニケーションに役立つだけでなく、世代間の交流にも大きく寄与します。しかし断絶と隔離によって子どもと接する機会がなくなると、大人たちは子どもという存在を全く理解できなくなってしまいます。彼らのコミュニケーション方法が自分たちとは違うという事実にも、そんな彼らと交流する上で他に効果的な方法があるという事実にも、気付けなくなってしまうのです。それは騒音や不衛生といった問題の矛先を社会的弱者である子どもに押しつけるという事実誤認にもつながりかねません。そしてそうなれば、大人は子どもをコミュニケーションの相手ではなく、うるさくて汚い厄介な相手として差別的に認知するようになってしまうのです。

「女の子のくせに、男の子に交じって遊ぶなんて」

国連子どもの権利委員会は、児童の権利に関する条約第31条に規定された子どもの権利に関連して女児や貧しい子ども、障害のある子どもなど、特定のカテゴリに属する子どもが直面する困難について特に憂慮しています。例えば女児は適正な環境がないことや、女児の行動を制限する文化によって、オン・オフラインを問わず、組織的に行われる身体活動やゲームへの参加率が低くなっています。こうした傾向は残念なことに、スポーツやデジタルメディアにおける活動がもたらす身体的・心理的・社会的・知的な恩恵を女児から奪います。★22

子どもの頃、私の家の近所には男の子が多かったので、彼らと一緒に遊ぶためには積極的に体を動かす必要がありました。公園にある肋木《ろくぼく》やジャングルジムを上り下りしたり、家の前の道路でボールを蹴ったり、テレビアニメに出てくるロボットをまねて格闘ごっこをしたこともあります。私たちはとにかく盛大に遊んでいましたから、近所の大人たちから叱られることも少なくありませんでした。ところが、そうして叱ってくる大人たちが、いつからか私を見てこんな言葉を付け加えるようになったのです。「まったく、女の子がはしたない」「女の子のくせに、男の子に交じって遊ぶなんて」。

私はだんだん男の子たちと遊ばなくなっていきました。小学校の高学年くらいになると、そんな大人たちの思考を取り入れて「男の子たちと遊ぶのは恥ずかしくて幼稚なことだ」という認識が頭の中で出来上がってしまったのです。スポーツやゲームは男の子たちの専有物だという認識も強くなりました。体育の時間になると、男子はサッカーやバスケットボールといった球技を楽しんでいました。男性が大半を占める体育の先生たちは、彼らの輪の中に入っていきました。一方で女子に対しては、ほとんど関心を向けてくれませんでした。ボールをポンと一つ投げ、ドッジボールやキックベースをするようにと指示するだけだったのです。あろうことか、きちんとしたルールさえ教えてくれませんでした。男子たちには、一緒に体を動かしながら詳しくルールを教えていたというのに。それから20年以上、私は自分のことを運動嫌いな人間だと思っていました。

ところが、つい先日、私はテレビの中で自分と似た過去を持つ女性たちを見て驚きました。韓国発の女性サッカーバラエティー『ボールを蹴る彼女たち』には、ケガをすることもいとわずに真剣にサッカーに打ち込む女性芸能人が多く出演しています。そのうちの一つであるモデルだけで構成されたチームの面々は、ファッション雑誌『W korea』のインタビューでボールに対して苦手意識があったことを告白しています。

自分は球技が苦手なんだって、ずっと思い込んでました。男子がサッカーをしていたら、女子はゴム跳びをするというのが普通でしたから。（中略）だけど、いざボールを蹴ってみたら、楽しいなんてもんじゃないんですよ。みんな、ボールを見つけると目の色を変えて飛びつくんです。犬たちはどうして、あんなに夢中でボールを追いかけるんだと思います？　楽しいからに決まってるじゃないですか！

彼女たちは、子どもの頃に女子チームがないという理由で男子のサッカーチームに入っていたことや、サッカー部のマネージャーをしていたことなどを話し始めました。そこで、あるメンバーはこう言っています。「モデルは個人でやる仕事だから、これまではお互いに適度な距離を保っていたんですけど、この番組を始めてからは、すっかりお互いの距離が縮まりました」。それに対して、他のメンバーはこう答えます。「『スポーツパーソンシップ』って、こういうことなんじゃないかな。個性的なメンバーが一つのチームを組んで、お互いにベストを尽くしながらプレイするっていうこと[★23]」。

子どもに遊びが必要な理由

何人もの人が同じ目標に向かってお互いに譲歩しながら協力し合うという点で、「スポーツパーソンシップ」は前述したホイジンガの「遊びの精神」にも通じます。ゴールにボールを入れることも、人類が社会を形成し集って暮らすことも、他人と共存するためにルールを尊重しようという自発的な意思がなければ不可能なことでしょう。

スポーツや遊びに参加するといった共同体的経験は、人間が社会性を養い所属感を得る上で決定的な役割を果たします。これは子どもの場合も同じです。子どもはいろいろな人たちと自発的に接する経験、共同体やチームに所属する経験、誰もが使えるさまざまな公共スペースを楽しむといった経験を通して、自分の社会的なアイデンティティを自覚し、構築していきます。それとは逆に排除や疎外といった経験は、子どもたちに自分もこの社会の一員であり権利を有する人間なのだという認識を持たせる上で間違いなくマイナスに働きます。その場所は飲食店であろうと、グラウンドであろうと関係ありません。

もしかすると今この瞬間も、多くの女児がスポーツやゲームを通してチームに所属しルールを身につけ、こつこつと練習を重ねながら実力を蓄えて、仲間たちとアイコンタクトを取りつつ息を合わせる機会を奪われているかもしれません。また、多くの子どもたちが一人の「お客様」として尊重され、正しい食事のマナーを身につけながら新しい美的経験をする機会を奪われているかもしれません。

子どもたちを社会から隔離して彼らの正当な権利の実現を妨げ、差別や機会不平等を助長させるこうした障壁は壊さなければなりません。大人である私たちにはどんな大義があろうとも、すべての子どもが差別を受けることなく、あらゆる文化環境に触れられるように、そして自由に遊びと余暇の活動を楽しめるように、保障する義務があるのです。

第5章　ゲーム業界、どうしようもないと思っていたら間違いでした

ゲームの主要キャラの92％が男性だったころ

まだ各家庭にパソコンが普及していなかった１９９０年代初頭。ゲームをしたければ、子どもたちはゲームセンターに行かなければなりませんでした。当時はまだコンピューターゲームが何なのかもよく分かっていないような時代です。家庭用テレビゲーム機もあるにはありましたが、高額すぎてとても手に入りませんでした。ゲームセンターは事実上、ゲームができる唯一の空間だったのです。

それにもかかわらず、私をはじめとした近所の子どもたちは、そこをチラリとのぞくことはあっても決して店内に入ることはありませんでした。大人たちの表現を借りるなら、ゲームセンターは「危険な場所」だったからです。学校からは定期的に「ゲームセンターに出入りするな」という御触れが出ました。好奇心に駆られて入店したが最後カツアゲされたという経験談や、札付き不良たちが入るのを見たという目撃談はしょっちゅう聞かされていました。男の子

たちが集団で行っても痛い目に遭うような場所なのです。女の子の私が行けば性犯罪に巻き込まれる可能性まで出てくるのですから、そんな場所に一人で行くなんて考えもしませんでした。それほど当時のゲームセンターは子ども、特に女児にとって危険な場所という認識だったのです。ゲームセンターに対するそうしたネガティブなイメージは、そのままゲーム文化全般に対するイメージとして定着していきました。

ゲーム文化が女児をはじめとした多くの子どもにとって「有害なもの」と認識されるようになったのには、それなりの理由があります。1991年に発表されたゲームキャラクターの男女比および性役割に関する研究結果によれば、テレビゲームの主要キャラクターの92%は男性でした。しかも、たった8%しかいない女性キャラクターのうちの6%は、男性キャラクターが救出すべき目標物であり、ご褒美アイテムのような存在である、いわゆる「とらわれのお姫様（Damsel in Distress）」だったのです。[★24] そのため、ゲーム文化は女児を排除する一方で男児に偏った女性観を植えつけて、子どもたちに悪影響を与えるものと考えられるようになりました。

ゲームは男性の専有物？

文化における差別は、文化と実在する権力の不均衡が合わさった時に発生します。そして産業における権力とは、大抵の場合「お金」によって生まれます。1990年代のアメリカのゲーム産業が生み出した売上の約75〜85%は男性消費者から得られたものでした。[★25] 統計によればゲーム機を保有するアメリカの家庭は全体の30～50%であるのに対し、定期的にテレビゲームで遊ぶ男児の割合は80%にも上りました。[★26] それゆえ、かつて任天堂のスポークスマンは「少年たちこそが市場です。任天堂は常に核となる消費者を重視してきました。その核となるグループに少年たちが含まれるのなら、我々は彼らの需要を満たす方法を探ります」[★27] と言っています。さすがは、「ゲームボーイ」というヒット商品を生み出した企業です。

ゲーム産業が日増しに規模を拡大し、ソニー、セガ、任天堂といった1990年代を席巻したメーカーの競争が激化してくると、ついに男児向け商品の飽和現象が起こります。するとゲーム業界は、新たな消費者層をつかみ市場を停滞させることなく一層広げようと動き始めました。彼らが新たに目を付けた最初のターゲットは少女たちでした。

ところが彼らの挑戦は、早々に困難に直面します。ゲーム業界は、少女市場を作る上でトイザらスのような大手おもちゃ量販店のゲートキーピング（どの商品を仕入れるか決定すること）が大きな壁の一つだったと言いました。販売店は、すぐに実績の上がらない商品を早々に売り場から外してしまいます。新たな消費者にこれまでにないゲームを提示するためには十分な時間が必要だというのに、それだけの猶予が与えられないのです。

ゲーム業界の苦悩はそうした量販店の販売方法だけにとどまりませんでした。多くの男児がゲームをするという事実は、多くのゲームが男性向けに作られていることを意味しました。ある女性ゲームクリエイターは「女の子にとってゲームソフトコーナーは、男性の下着売り場と同じくらい居心地が悪い」とまで言っています。[28]　1990年代当時はゲームに親しんでいる少女たちですら、ゲームを男性の専有物と思っていたのです。そのため当時のゲームメーカーは、販売店に新たなゲームを置いてもらえるよう依頼するのと同時に、購買者である少女とその保護者たちを「男性の領域」というイメージの強いゲームコーナーに引き入れるというミッションまで背負っていました。

「ピンク」に込められた思い

そのため1990年代の女性ゲームクリエイターたちは自ら起業して、自分たちの手で少女向けのゲームを作ろうとしました。少女市場を創出しようという彼女たちの挑戦は「Girls' Game Movement」と呼ばれています。こうした動きは、当時の研究者たちと非常に不安定なタッグを組んでいきました。彼女たちの挑戦の基となった市場調査結果が、女性の趣向として美容やファッションといった「ピンク」の、かなり性差別的な固定観念ばかりを打ち出してきたためです。

1990年代にアメリカの女児たちの間で最も好評だったゲームは、マテルの「バービーファッションデザイナー」でした。このゲームは発売から2か月で50万本以上も売れ、『DOOM』や『Quake』といった有名ヒット作を超えています。マーケットアナリストたちはこのゲームのヒットの要因を、バービー人形自体に見いだしました。当時、バービーは3歳から10歳までのアメリカの少女たちの間で99％という圧倒的なシェアを誇っていたからです。アメリカの少女は1人につき平均で9体のバービー人形を持っているという市場調査結果までありました。[29]

マテルとは比べ物にならないほど小さなゲームメーカーが、マテルの出した市場調査結果やマーケティング方式を追従するのは、ある意味で当然のことだったのかもしれません。ゲームクリエイターの中には、女児向けのゲーム事業はリスクが大きいため、市場調査の結果を無視した経営判断は難しいと言う人たちもいました。彼らは市場の反発に直面するよりも、もともとある消費者の趣向を基盤として、ひとまず門戸を開いてから少しずつ領域を広げていくべきだと主張しました。目標を達成するためには一種の「実用的な妥協」が必要だということです。

そうでなくても彼らが「デジタル技術を使ったゲームの世界」に引き寄せたいと考えている主たるターゲットは、その時点ですでに市場の14～25％を占めていた少女ゲーマーたちではなく、まだパソコンやゲームに全く興味を示していない少女たちでした。[30]そのため、その子たちがすでに関心を持っていそうな分野からアプローチするのも悪くないはずだというのが、クリエイターたちの主張だったのです。ある女性クリエイターに至っては、自分が開発したゲームソフトを「女性親和的」なものに変えるべく、アパレルメーカーとの提携を模索しながら、次のようなことを語っています。「私は、市場調査がどんな結果を出そうと従うことにしました。たとえ、それが『ピンクの箱に入れて商品を送れ』という内容だったとしても、です[31]」要するにゲーム業界に身を置く人の大半が、まずは少女文化とデジタル技術の接点を増やし、少女たちがそれに慣れていく中で徐々に趣向や好みを変えていってくれるようにと願っていたのです。

女の子は本当にピンクが好きなのか

とはいえ、市場調査結果に事業の判断を委ねる行為は、さまざまなリスクをはらんでいます。そうして下された決定は少女たちに幅広い選択肢を与えるどころか、性別に対する固定観念を一層植えつけてしまう可能性のほうが高いからです。少女たちが、青や黒ではなくピンクや紫の箱に入った商品を望むのは、決して生まれながらに持つ感覚のためでもなければ偶然でもありません。こうした好みは、少女たちが自らの趣向を構築する機会を得るよりもずっと前から存在していた文化産業によって作られたものです。1960年代にはすでに多くの研究者が子どもの社会化（もしくは文化化）において、おもちゃや本、メディアが主たる役割を担っていることに気付いていました。アンジェラ・マクロビーは幼児向けの出版物でさえ、その対象が女児ならロマンスや美容、料理、ファッションばかり扱っているのに対し、対象が男児である場合はスポーツや仕事に関する話を主に扱っているという指摘を1970年代にしています。[★32] 性別によって色が指定された商品や、幅広いカテゴリの中からまんべんなく出演者を集めない子ども番組、慣習的に特定の性別だけをターゲットにする広告などが、子どもたちに対してはっきりと「性別に応じた適切なもの」というメッセージを発信していたのです。[★33]

当然ながら、規範化した市場を根拠にアプローチしていたのでは、マーケターたちは少女文化の最も典型的な側面しか見られませんから、結果的に時代遅れで偏った商品しか生み出せないだろうと研究者たちは憂慮しました。科学技術社会学者や子どもの人権活動家の意見も同様です。マサチューセッツ工科大学のシェリー・タークル教授は、1997年に報道番組『ナイトライン』で「すべての人にとって扱いやすいコンピューター文化を創造しようとせずに、古い固定観念の下で少年少女のマーケティングをするのなら、もともとある固定観念を強化することしかできません」[★34]とさえ言っています。国連子どもの権利委員会はそれから長い年月を経た2013年にも、メディアやゲームクリエイター、玩具メーカーによって強化された性差別が、社会における伝統的な性役割の存続に加担しているとして、子どもやその家族がおもちゃやゲームの商業化およびマーケティングに接する機会が増えている現状を憂慮しました。[★35]

さて、ここでこれまでの話を整理してみましょう。まず1990年代、ゲームは男性の専有物と考えられていました。そこでゲームクリエイターたちは少女たちをゲーム文化に引き入れる最善の方法として、市場調査を基にした「少女の趣向に合ったゲーム」を作ろうと考えました。しかし、それに対して多くの研究者が、性別を根拠に市場を二分することは長期的に見て性別間の溝を深めることにつながると憂慮しました。

ザ・シムズ――メイプルストーリー――マビノギ

1990年代、市場はとてつもなく強固で、消費文化はゆるぎないものに見えました。そんな市場を開拓する過程で、多様な趣向を持つ少女ゲーマーたちはむしろ排除され、存在しないものとされてきました。では、それから約30年たった現在、ゲーム市場はどうなったのでしょう?

韓国コンテンツ振興院が2021年に行った「ゲーム利用者の実態調査」によれば、全国の10~65歳までの女性回答者1467名のうち、実に68・5%が何かしらの形でゲーム文化を楽しんでいることが分かりました。これは2019年の61・3%より、およそ7・2%高い数値です。このように韓国国内の女性人口に占めるゲーム利用率は着実に増加しています。[★36]

ゲーム文化はこれまで何度も大小さまざまな変化を遂げてきました。プレイするキャラクターの性別や外見を初めて自由に選べるようになった時のことが思い出されます。最近のゲーマーたちにとってはごく普通のことでしょうが、わずか数十年前までは自分がプレイするキャラクターの性別や外見を自由にデザインすることはできませんでした。与えられたキャラクターの中に女性キャラクターが一人もいないとか、もしくはプレイしたいと思うような容姿を持つ女性キャラクターがいないことがほとんどだったのです。

自由なキャラクターデザインを熱望する女性ゲーマーたちの思いは、2000年代のゲーム市場に伝説的なヒット作を残しました。それこそが、「ザ・シムズ」シリーズです。2000

年に発売された「ザ・シムズ」と2004年に発売された「ザ・シムズ2」は、それぞれ1600万本および2000万本売り上げ、20年以上にわたって世界で最も売れたコンピューターゲームの一つとなっています。★37

それと同時期に韓国でヒットしたオンラインゲームにも同様の特徴がありました。皮肉にも仮想空間では、自分の性別を隠すと同時にその限界を突破して、ありのままの自分を表現することができたのです。私の周りでオンラインゲームをしていた人たちは大きく二つに分かれました。「クレイジーアーケード」や「クレイジーレーシング・カートライダー」といったカジュアルゲームを好む人たちと、「エランシア」や「メイプルストーリー」、「マビノギ」といったMMORPGを好む人たちです。カジュアルゲームの世界では、子どもたちはユニセックスなデザインのキャラクターを選択することで性別を完全に隠すことができました。MMORPGの世界では自分のキャラクターを自由にデザインし、積極的に自分を表現することができました。そして、この二種類のゲームはどちらもシステム上、性別によってキャラクターの能力に差が出ることはなく、すべてのキャラクターが互いに対等な立場で戦うことができたのです。

方向キーになってくれる30年間のプレイログ

1990年代に多くの市場調査が「正解」として提示してきた結果の大部分は、わずか30年ほどで覆るようなものばかりでした。今ある結果は、ゲーム文化に属する人たちが共に築いてきたものです。

もちろん、女性の消費集団の拡大や、いくつかのゲームメーカーが下した選択だけですべての問題が解決したわけではありません。今でもたくさんのゲームのアートワークの中に性差別的で偏ったイメージは存在しています。現実社会にある女性嫌悪はサイバー空間でも健在です。ゲーム文化内の女性嫌悪が、より根深く巧妙になっていることについて苦悩を漏らす女性ゲーマーも少なくありません。

ゲーム文化が歩んできた過去30年間の道程は、これから歩まなければならないもう30年の姿でもあります。歴史と経験を通じて、私たちはすでに多様性の不在が多くのプレイヤーを疎外する結果につながることを知りました。こうした疎外はゲーム文化とゲーム産業の発展をも阻害します。インターセクショナリティ（人種や性別など複数のアイデンティティが交差的に組み合わさることで生まれる差別や不利益を理解する枠組みのこと）的視点と包括的なデザインによってすべての人たちを受け入れることだけが、ゲーム文化を豊かにする道だということを改めて胸に刻むべき時が来ているのです。

第6章　魔法の国からやってきたサリーのパラドックス

こんなの私が知ってる魔法少女じゃない！

他の季節と比べて雨が多くなる夏。ある日、傘を持ってくるのを忘れてオフィスの窓越しに降る雨を眺めていたら、ふと子どもの頃に見た『魔法使いサリー』の一場面を思い出しました。傘を忘れたサリーが道端で摘んだアジサイに呪文をかけながらグルグル回すと、それがあじさい柄の傘に変身するのです。あじさい……ではなく、その傘をさして鼻歌交じりに帰っていくサリー。私は急に懐かしくなって『魔法使いサリー』のクリップ映像をいくつか見てみました。すると、2020年代を生きる女性には信じられないような場面が次々と出てきたのです。

『魔法使いサリー』には、男の子が女の子に手を上げるシーンが頻繁に出てきました。1960年代を背景とした作品であることを考慮しても驚かずにはいられません。あろうことか、危機に瀕した男の子をかばおうとしたサリーが「女の子は首を突っ込むな。ケンカする女は嫌いだ」とやり返されてしまう場面さえありました。私の記憶にある数々の魔法少女アニメとは、さまざまな面で異なる作品です。私は思わず叫びました。うそでしょ⁉　こんなの私が知ってる魔法少女じゃない！　60年余り前の魔法少女には、一体何があったのでしょう？

魔法少女の生みの親は少年漫画家？

１９６６年に東映で制作された『魔法使いサリー』は魔法少女アニメの元祖です。韓国では第１作が１９７５年、１９８８年、１９９０年の計3回、続編にあたる第2作が１９９６年と２００９年に放映されています。なかでも第１作の１話から17話までは、なんとモノクロで放送されていました。

この作品の原作者は横山光輝《よこやまみつてる》です。きっと、この名前には聞き覚えがある方もいるでしょう。そうです。『三国志』で有名な、あの横山光輝です。１９３４年に生まれた彼は漫画界の巨匠と呼ばれ、『三国志』や『鉄人28号』『ジャイアントロボ』といった多くのヒット作を残しました。そんな彼を、当時の東映テレビ部部長でのちに東映本社の副社長になる渡邊亮徳《わたなべよしのり》が説得し、アニメ化の提案をしたのがテレビアニメ『魔法使いサリー』の始まりです。

サリーが誕生した頃の日本は高度経済成長期の真っただ中でした。敗戦から20余年たった１９６８年、日本の国民総生産（ＧＮＰ）は世界2位になります。それにより国民の自負心も一気に強まっていました。「これからの日本は経済大国になるはずだ！」という期待感は、「日本の未来」である子どもたち、なかでも特に男児に託されました。その結果、１９６０年代の日本では男性漫画家の作品を原作としたテレビアニメが年間10本以上も放送されるようになっていきます。もちろん、そのすべてが「少年」を主人公にした作品でした。

サリーが日本のテレビアニメ史上初の女性主人公として登場したのは、それまで男性中心的だった業界にとって記念すべき出来事でした。視聴者からも大きな反響がありました。それまで少年の主人公が活躍する作品しかなかったところに、初めて『魔法使いサリー』を見た当時の女の子たちはどんな感情を抱いたのでしょう？　２０１９年の女性たちが映画『キャプテンマーベル』を見て抱いたような感情でしょうか？　当時、日本の少女たちは自分たちを代弁するキャラクターの登場を切に願っていました。『魔法使いサリー』は、まさに「時代が望んだ作品」だったのです。

しかし残念ながら、市場がそうした願いに応えたのは少女たちを勇気づけるためではありませんでした。一体、どういうことでしょう？

性別で分断された市場、二分化したアニメ

児童コンテンツ市場が出来ると、マーケターたちは一つの特異な現象に気が付きました。「少年たちは少女を主役にした作品を好まないが、少女たちは誰が主役でも気にしない」という事実です。

こうした事実は私たちに、少年を主役にした作品こそが「主流」の児童コンテンツで、少女

好きなキャラクター調査

男子　女子

2012年
バンダイ
こどもアンケート
レポート vol.202
男子・女子の保護者
各1000人対象

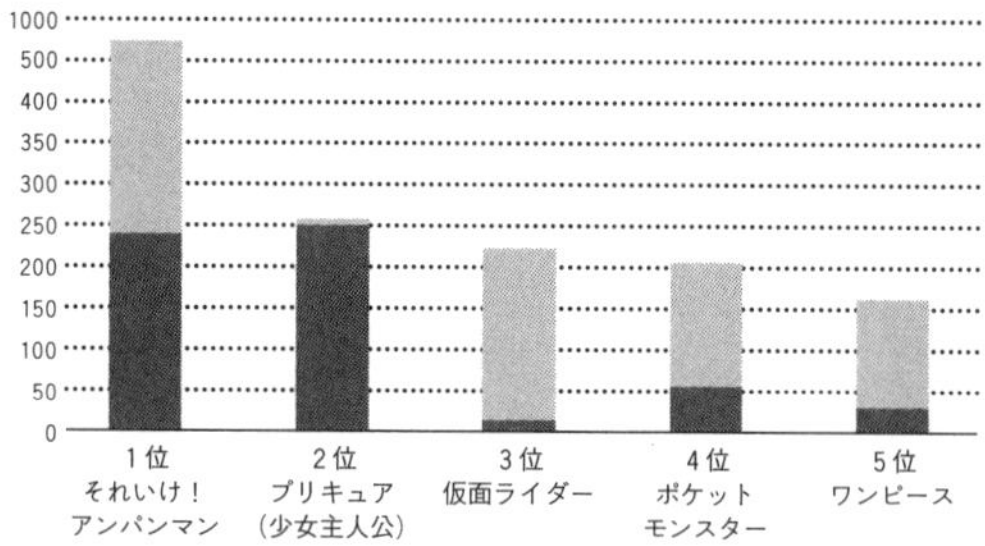

2014年
バンダイ
こどもアンケート
レポート vol.216
男子・女子の保護者
各400人対象

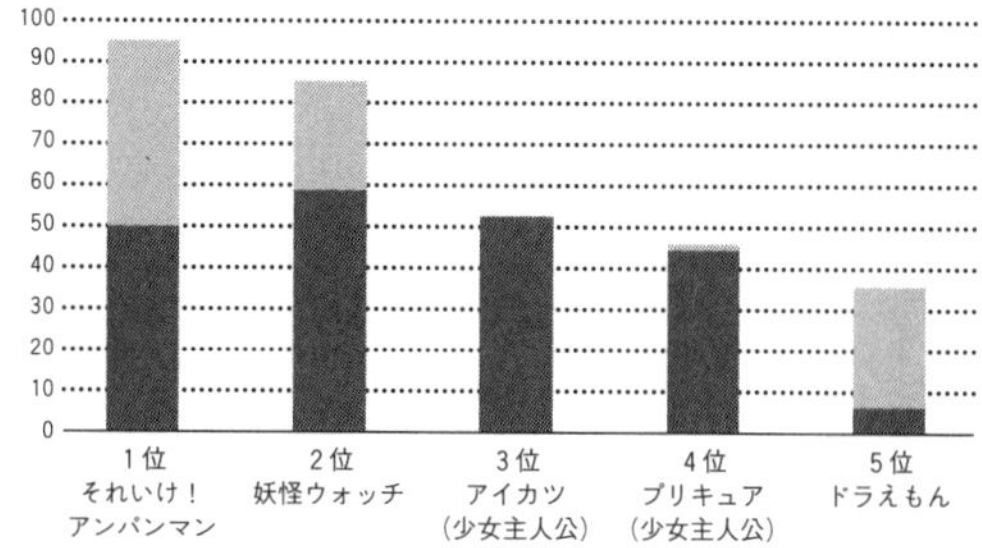

2016年
バンダイ
こどもアンケート
レポート vol.228
男子・女子の保護者
各400人対象

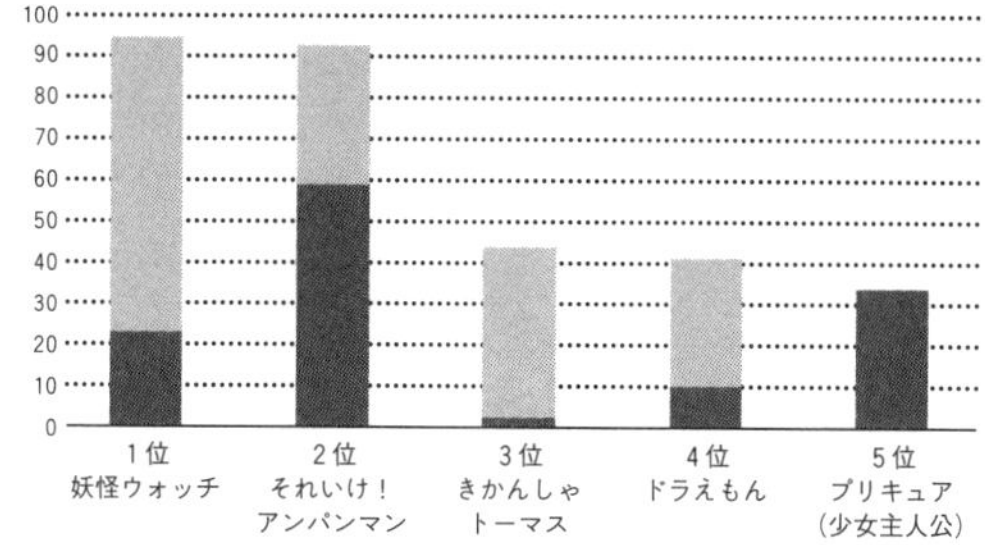

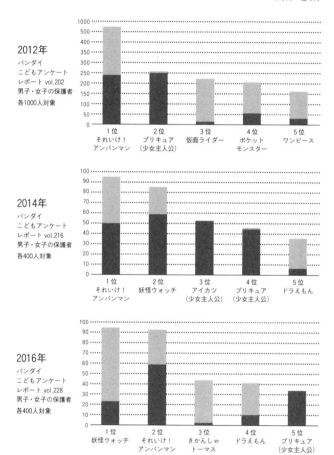

を主役にした作品は「非主流」であるという誤解を植えつけます。「少年コンテンツは普遍的な感性を基にしているけれど、少女コンテンツは少数集団のためのものでしかない」ように見えてしまうからです。こうした誤解の下でマーケターたちが取った戦略は、すでに存在する「普遍的市場」から少女消費者たちを切り離すというものでした。

これを「市場細分化」と言います。消費者のニーズを一つの塊と捉えず細かく分けた上で、それぞれにピンポイントでアプローチするのです。市場細分化戦略はマーケターたちにとって、もろもろ利点がありました。市場が細分化されると、特定の消費者をターゲットにするのが容易になり新たな販売先を開拓する負担が減るだけでなく、新たな消費アイデンティティが消費者に与える一種のプレッシャーのおかげで消費が促進されるのです。

一つ、例を挙げてみましょう。ここに女の子用のプレゼントとして靴下を買おうとしている大人がいます。その人の前には通常価格の白い靴下と、割高な「女の子用のピンクの靴下」が並んでいます。この場合、大半の大人は、より多くのお金を払って女の子用に見えるピンクの靴下を買おうとします。

同じ話を『魔法使いサリー』に当てはめて考えてみましょう。アニメの視聴者は、自らが少女であったり、娘を持つ保護者であったりした場合、たとえ既存の作品に満足していても、「少女」というアイデンティティを新たに付与された新しいカテゴリへの消費の責任を感じるようになります。そして、それはターゲット集団による消費の拡大に直結します。

玩具市場規模（単位：百万円、メーカー希望小売価格ベース）

大分類	2018年3月期	2019年3月期
男児玩具 ミニカー、レールトイ、トイR/C、電動、 その他（レーシング、ゼンマイ、金属玩具他）	50,230	50,550
女児玩具 着せかえ（人形、ハウス）、ままごと、 女児ホビー、女児キャラクター、女児コレクション、 抱き人形、その他（含アクセサリー、女児化粧品）	62,036	70,847

「バンダイナムコグループファクトブック2019」より

こうした事実は上に示す2019年のレポートで具体的に確認することができます。少女をターゲットにしたおもちゃの売上が、少年向けのおもちゃの売上を上回っていますね。[★38] そうです。これまで細分化されたカテゴリ上、いわゆる「非主流」扱いされてきた少女コンテンツ市場は、むしろ「主流」と言われる少年コンテンツ市場よりも規模が大きいのです。

それでは消費者の立場から見た場合、市場細分化にはどんな意味があるのでしょう? 『子どもたちはどうやって消費者として育つのか!』の著者ディヴィッド・バッキンガムによれば、市場の細分化は消費者を商品のほうに沿わせるタイプの戦略だといいます。[★39] 要するに、「消費者個人の個性や趣向」を少しずつ「彼らが属するカテゴリ」に引き寄せて一致させていくということです。そうなると消費者たちは無意識のうちに、自身の趣向を自ら構築する機会を失ってしまいます。

これは、消費者が子どもである場合も同様です。「男の子の色」や「女の子の色」といった概念を持たない子どもたちに、水色の男の子用品とピンク色の女の子用品に分かれた市場を見せたら、どうなるでしょう？　子どもたちは瞬時に「水色＝男の子の色」だと学習します。こうしたことが成長の過程で何年にもわたって繰り返されれば、水色に抵抗のなかった女の子でさえ、水色の商品には手を伸ばせなくなります。慣習どおりに区切られた市場は、このようにして、まだはっきりとは固まっていない子どもたちの趣向に影響を与えるのです。

では、『魔法使いサリー』はどうだったのでしょうか？　主役が少年から少女に変わったからといって、アニメを取り巻くすべてを変える必要はありませんでした。しかし『魔法使いサリー』の登場により、アニメ市場は間もなく「少年コンテンツ」と「少女コンテンツ」に二分されてしまいます。消費を促進させるためには、少年を主役にした従来のアニメと「少女コンテンツ」を区別する必要があったからです。

理想と現実がすべて詰まった魔法少女

もうお気付きかと思いますが、魔法少女は自然発生的に生まれたものではありません。市場とマーケターたちの利便性を基に生み出されたものです。『魔法使いサリー』は、初めから「他のアニメとは一線を画す作品」という運命を背負わされていました。

そのためサリーの物語には、倒すべき敵も出てこなければ一緒に戦う仲間も出てきません。

サリーは魔法の力を持っていながら、スーパーパワーを持つ少年主人公たちと同じようにはなれませんでした。少女である以上、「少年と同じ」ということは許されませんし、そもそもそれは不可能だと思われていたのです。それゆえ、当時絶大な人気を誇っていた少年漫画家、横山光輝の作品であるにもかかわらず、サリーの魔法でできることは友達を助けるとか、家庭内のトラブルを解決するという程度にとどまっていました。その結果、自然とそのストーリーも英雄譚的な冒険物語ではなく、短編のコメディー的なものになったのです。[*1]

サリーの限定的な能力は、1960年代の日本の少女たちの境遇を代弁したものでもありました。日本の女性たちは1800年代後半に起きた明治維新以降に、高等教育を受ける機会を得るようになります。言い換えれば、日本の女性たちは1899年に高等女学校令が交付されて本格的な文物解放が始まるまで、広く高等教育を受けることができませんでした。[★40]

日本の女学校の大部分は1800年代後半に作られたものです。そうして出来た学校の中には宗教的な目的で設立されたものも多く、それらの学校に通う学生たちはキリスト教をはじめとした西洋文化の影響を受けていました。1900年代の中頃は、まだまだ西洋的なものがご

＊1　もちろん、これは『魔法使いサリー』がアメリカのドラマ『奥さまは魔女』の影響を強く受けていたせいでもあります。1964年にアメリカで放映されたこのドラマは、2年後に日本でも放送され人気を博しました。ひっきりなしに起こる小さな事件を魔法の力で解決したり、魔法によって起きた騒動を収めたりする『魔法使いサリー』のお話は、まさにこのドラマをベースにしています。

く普通の庶民的な日本文化とは異なる豊かさの象徴だったので、そうした学校に通う学生たちも同年代の少女たちにとって憧れの的でした。そのせいか、少女をターゲットに制作された『魔法使いサリー』にも由来が不確かな西洋宗教的モチーフが多く使われています。「西洋」を象徴する魔法の国と「平凡な日本文化」の違いを描いたシーンも頻繁に登場していました。

これはサリーが魔法の国の王女であることを隠して人間界に降り立ち、平凡な日本の公立小学校に通い始めるという設定ともリンクしています。サリーは人間の友達である、よし子やすみれと付き合いながら、だんだんと人間社会（＝日本社会）のさまざまな風習や社会のルールを学んでいきます。異なる世界からやってきた異邦人であるサリーが、自分と同じように一般の小学校に通いながら自分たちの文化に興味を持って新しいことを学んでいく様子は、アニメを見ていた少女たちに大きな衝撃を与えました。「自分の日常」と憧れていた「理想の世界」がつながる瞬間だったからです。

そう考えると魔法の力を持つサリーなら、普通の少女である学校の友人たちが抱える問題くらい簡単に解決できそうな気もしますが、決してそんなことはありませんでした。それらの問題を解決する上で、サリーの魔法は全く役に立ちません。なぜなら、サリーには自分の正体を隠す必要があったからでした。人間たちに魔法の力を知られてしまったら、彼女は魔法の国に戻らなければならなかったのです。こうした設定も、やはり１９６０年代の日本の少女たちの境遇を反映していました。

当時『魔法使いサリー』の主なターゲットであった中流層の少女たちは、女学校に通いながら比較的高等な教育を受けて自由な人生を謳歌していました。それでも結局、学校を卒業してしまえば、学んだ知識や謳歌した自由をすべて隠し、同世代の女性たちと同様に結婚して家庭に入らなければなりません。男の子たちと同じように高等教育を受けたところで、成人後は彼らと肩を並べることができませんでした。自分が得た「教育」という魔法のような力を思う存分発揮することは、1960年代の日本の少女たちにとって夢のまた夢だったのです。

最初の魔法少女アニメである『魔法使いサリー』のパラドックスは、まさにそこから来ています。少年ヒーローたちと同じように、サリーにも人間社会の不条理に立ち向かうだけの魔法の力はありましたが、それを使うことは固く禁じられていました。その力に気付かれてしまったらサリーはその瞬間に大人になり、家庭的な義務で縛られた世界に閉じ込められて、ひそかに蓄えてきた力と自由を奪われてしまうからです。

こうした設定は、のちの魔法少女アニメにも大きな影響を与えました。主人公が大人の女性ではなく「少女」であるうちだけヒーローとしての力を持つことができるという魔法少女たちの暗黙のルールも、こうした『魔法使いサリー』のパラドックスに由来しているのです。

第7章　魔法少女アニメが衰退した理由

魔法少女が教えてくれること

日本で最も人気のあるロボットアニメといえば、多くの人が『機動戦士ガンダム』を思い浮かべるでしょう。アニメ制作会社日本サンライズによって制作され、現在まで続く同シリーズは、1979年に『機動戦士ガンダム』の放送が始まって以降さまざまな続編を生み出しており、2020年代に入ってからも映画やテレビシリーズが作られ続けています。

一見すると、そんな『機動戦士ガンダム』シリーズの成功は少女文化とは無関係のように思えますが、ガンダムの生みの親である富野由悠季《とみのよしゆき》は、アニメ情報誌『月刊ニュータイプ』の1998年6月号および2009年5月号をはじめとした多くのインタビューで『機動戦士ガンダム』は、アフレコ現場に集まってくれた女子中学生のファンたちに支えられたと明かしています。エンターテイメント産業は何であれ女性ファンを失うと興行に失敗すると主張する彼は、第14回富川《プチョン》国際ファンタスティック映画祭において、アニメを排他的な趣味とする行為がアニメ産業全体を萎縮させるとしてオタク現象を批判しました。[★41] 彼はどうして、そんなことを言ったのでしょう？　その答えは『機動戦士ガンダム』が誕生した1970年代から1980年代までの魔法少女アニメが教えてくれます。

私の手の中の魔法世界

1969年、『魔法使いサリー』に続いて放送された『ひみつのアッコちゃん』[*1]は、すべての魔法少女アニメの原型になった『魔法使いサリー』以上に、多くのジャンル的な規範を確立させました。

まず、同作には『魔法使いサリー』にあった「実は主人公が魔法の国の王女だった」という非現実的な設定に代わって、普通の女の子が偶然かつ一時的に魔法の力を得るという新たな設定が登場します。それにより、魔法を使うための「アイテム」が必要になりました。その際、アッコの魔法のアイテムであり魔法少女アニメ初の変身アイテムとして選ばれたのは、剣でもステッキでもなく「コンパクト」でした。なぜコンパクトでなければならなかったのでしょう？　それは女の子たちにとって手軽に大化粧道具とは慣習的に「大人の女性」が持つものです。

＊1　ここで扱っている『ひみつのアッコちゃん』は、韓国では放送されなかった1969年版です。韓国において『鏡の妖精ララ』という名前で放送されていた作品は1988年版ですが、両作には大きな違いがあるため1969年版を基準としました。

人に近づけるツールであると同時に、慣習的に男性性とは完全に切り離されたアイテムでした。コンパクトは大人の力を切に求める少女たちと、慣習的な女性の性役割の範囲内で主人公に「力」を与えようとしたマーケターの双方にとって完璧な折衷案だったのです。

コンパクトのおもちゃは、魔法少女アニメのブランド化における起点となった伝説的なアイテムであると同時に、すべての魔法少女アニメマーケティングのベースになりました。アニメに登場する魔法のアイテムとそっくりなおもちゃを手にすることで、現実とアニメの境界を崩せるという点が子どもたちの心をつかんだのです。

「オスカル」や「聖子ちゃん」に勝てるはずがございません

ところがその後、アニメを取り巻く状況は急変します。1970年代に入ると、若い女性たちの手によって、若い女性たちのために描かれた少女漫画が新たに登場しました。それらの漫画が打ち出した斬新な表現と革新的なストーリーは、東映の古典的な魔法少女アニメにおしなべて欠けていた要素でした。

『ベルサイユのばら』『キャンディ♡キャンディ』『ガラスの仮面』など、名前を聞いただけですぐに分かるような伝説的な作品は、すべてこの時代に生まれています。雑誌『週刊マーガレット』で1972年から1973年にかけて連載された池田理代子《いけだりよこ》の『ベルサイユのばら』はテレビでも放送され、韓国でも人気を博しました。この作品はフランス革命期を舞台にした少女漫画でありながら、王女や王妃ではなく男装の麗人オスカルを主人公にしています。当時、女性では決して就くことのできなかった衛兵隊隊長にまで上り詰め、正義を貫いて絶命したオスカルは理想のタイプであり憧れの的として多くの少女たちの心をわしづかみにしました。

今なお未完で最終話が待たれる『ガラスの仮面』も１９７５年に連載を開始しています。韓国内での知名度は少々低いものの、日本の少女漫画界を席巻した山本鈴美香《やまもとすみか》の『エースをねらえ！』も１９７３年から１９８０年にかけて連載されていました。男性読者たちの専有物だった、いわゆる「スポ根」ものの方程式が少女漫画に置き換えられたという点だけでも、この二作は少女たちの欲求を満たすのに十分でした。東映の魔法少女アニメには、そうした要素が見当たりませんでしたから。

それだけではありません。バブル景気に沸いた１９８０年代の日本において児童青少年層は「バブル世代」と呼ばれ、最高の潜在顧客になりました。このころ、雑誌やテレビなどのメディアは少女たちを最も価値あるターゲットと定めています。山口百恵《やまぐちももえ》に始まり、松田聖子《まつだせいこ》、中《なか》森明菜《もりあきな》と続いたアイドルブームは、そうした少女たちを熱狂させるのに十分でした。

１９７０年代最高のスターである山口百恵は、若くして卓越した歌唱力と表現力を備え、老若男女をとりこにしました。そんな彼女は２０２０年代の今もなお視聴者を引きつけるカリスマ性を持つ歌手です。そうかと思えば、彼女の引退直後にデビューした松田聖子は、明るく清楚でかわいらしいファッションとヘアスタイルをはやらせ、典型的な青春スターの道を歩みました。1980年代を生きた多くの少女が「聖子ちゃんみたいになりたい」と願ったのです。一方で中森明菜は、さまざまな音楽的チャレンジと実験を繰り返す中で立派なアーティストに変貌しました。当時の少女たちが都会的で洗練されたイメージを持つ彼女に憧れるのも当然でした。

とにかく当時はこういう状況でしたから、アニメ産業は斬新な表現や革新的なストーリー、魅力的なキャラクターの開発をはなから放棄して、彼女たちと張り合うことを断念しました。そして代わりに視点をずらし、1980年代初頭に登場した新たな消費集団「オタク」に注目し始めたのです。

魔法少女アニメから「少女」が消えた

1970年代から1980年代にかけて制作された東映の魔法少女アニメの中で最もヒットした作品が『キューティーハニー』と『魔女っ子メグちゃん』だったという点からも、そうした状況がうかがえます。この二作は典型的な魔法少女アニメではなく、実験的な作品でした。両作は10代前半の少女視聴者をターゲットにしているにもかかわらず、女性の体を煽情的かつ挑発的に描いているという共通点を持っています。魔法少女アニメに男性のまなざし（Male Gaze）の介入を許した作品でした。

葦《あし》プロダクションやスタジオぴえろといった、その他のアニメスタジオが制作した魔法少女アニメについても状況は変わりませんでした。この時期に作られた新たな魔法少女アニメは性的なシーンを意味する、いわゆる「ファンサービス」が含まれているのが特徴です。ここで言う「ファン」とは、既存の視聴者層である少女たちではなく、成人男性の視聴者を指しています。ライバル産業に奪われた少女たちの視聴率を大人で埋めようというこうした試みは、その後の魔法少女たちの姿を大きく変えていきました。少女たちのためのジャンルだった魔法少女アニメにおいて、子どもの視聴者を阻害するような演出が継続的に許容されるようになったのです。

以降、魔法少女アニメは成人男性視聴者の存在を念頭に置いて構成されるようになりました。当然のことながら、「少女のジャンル」という魔法アニメのアイデンティティを崩して、です。少女たちのためのジャンルだった魔法少女アニメにおいてさえ、少女たちは中心ではなく、隅に追いやられてしまったのでした。

少女を追いやった魔法少女、魔法少女にそっぽを向いた少女たち

かなり自爆的なこのターゲット変更は、新たな成功につながったのでしょうか？　そうは思えません。1970年代の東映アニメーションは部分的な調整と改善を加えながら魔法少女アニメを作り続けましたが、市場規模は全面的に縮小していきました。コンパクトを買ってくれたのは誰だったのか、少女文化の主役は誰なのか——それを忘れた制作者たちが少女文化を少

女に排他的な空間にし、業界を萎縮させたのです。1981年になると、ついに東映は新たな魔法少女アニメの制作を中止し、代わりに『魔法使いサリー』と『ひみつのアッコちゃん』のリメイク版を作るに至りました。[*2]

ここで前述した富野由悠季の発言を、改めて思い出してみましょう。クリエイター本人の主張であるにもかかわらず厳密な統計資料がないため検証が難しいのですが、彼の言葉を裏付ける明白な事実が二つあります。一つは、魔法少女ブランドが1970年代から1980年代にかけて全面的に衰退したということ。そしてもう一つは、1992年に少女たちの心を射止める新たな魔法少女が現れるまで、『ひみつのアッコちゃん』ほどのヒット作が他に出てこなかったということです。

＊2　アニメとゲームに限って言えば、大人の市場と子どもの市場はその規模からして違います。日本経済新聞の記事によれば、20年に15周年を迎えた『アイドルマスター』は、これまでに600億円もの売上をたたき出してきました(https://xtrend.nikkei.com/atcl/contents/watch/00013/01137/)。大人を対象にした2Dアイドルコンテンツとしては空前の大ヒットと言えます。そして、同じくバンダイのアイドルコンテンツである『アイカツ!』は、ものの6年で400億の収益を上げました。他にも、18年に15周年を迎えた子供向けコンテンツ『プリキュア』シリーズは、15年間の総売上が実に1400億円に上り、『アイドルマスター』の売上の2倍を優に超えています。

第8章　セーラームーンはなぜ世界を救えなかったのか？

セーラームーンの衝撃

1997年4月1日、ある人にとっては普通の一日だったかもしれませんが、またある人にとっては人生が変わった日でした。KBS2で『美少女戦士セーラームーン』（以下『セーラームーン』）が初めて放送された日です。

テレビにかじりつくようにして見たオープニング映像は、それこそまさに衝撃的なものでした。これまでの子ども向けアニメ作品になかった都会的で幻想的な演出は、私をはじめ、当時アニメ作品を好んで見ていた女の子たちを魅了しました。

特に何の才能もない平凡な少女、月野うさぎが偶然額に三日月マークの付いた黒猫のルナと出会ってセーラームーンになり、世界征服をたくらむ妖魔たちと戦うという点は同作の魅力を引き立てていました。大きな任務を背負ったセーラー戦士たちは皆、ごく普通の女の子たちです。おっちょこちょいで泣き虫なうさぎにはじまり、優等生の水野亜美、活発で恋愛に興味津々な火野レイや、高身長がコンプレックスで、言動の粗っぽさから誤解されやすいものの本当は誰よりも繊細な木野まこと、うさぎに負けないくらいお調子者の愛野美奈子――。そんな彼女たちは変身することで人間を超越した怪人たちと対等に戦う「力」を手にし、ついには勝利を収めました。当時の女の子たちが一瞬にして『セーラームーン』に共感し、のめり込むことができたのは、そうした特徴があったからでしょう。

そのおかげか『セーラームーン』は、変身アイテムが魔法のステッキなどに限られていた魔法少女アニメの販売品目を飛躍的に増やしました。セーラー戦士たちと黒猫のルナ人形、実際に着ることのできるコスチュームに、アニメを小説化した単行本。上演された舞台やミュージカルまで含めれば、それこそ壮大な規模になります。

販売実績も桁違いでした。『セーラームーン』シリーズ初のおもちゃである「ムーンスティック」は60万本売れており、派生商品は日本国内だけで1500億円もの売上を記録しています。[★42] 日本最大の玩具メーカーであるバンダイは、シリーズ完結直後の1998年から1999年にかけて18億ドルの収益を上げています。1990年代の『セーラームーン』は視聴率だけでなく、販売実績から見ても世界で最も人気のあるアニメでした。

女性キャラクターを主役にしたコンテンツとして『セーラームーン』が打ち立てた成果は何とも輝かしいものです。こうして強力な女性ヒーローがテレビに登場したばかりか、全世界の市場まで席巻したのですから、新世紀における日本の女性たちの社会的地位には何かしらの変化が訪れるのではないかと思われました。ところが、2000年代を迎えた日本の姿は期待どおりに変化していません。世界経済フォーラムが発行している「世界男女格差レポート（The Global Gender Gap Report）」によると、2006年の日本のジェンダー・ギャップ指数は115か国中79位でした。[★43] なお、2021年に至っては156か国中120位という結果になっています。[*1]

ここまで来ると、どうしても考えてしまいます。世界を救えそうに見えた前代未聞の大ヒット作『セーラームーン』に含まれる女性主義的なメッセージの本質を……。

自分たちのためのコンテンツがない

日本では1986年から1991年にかけて、株価や資産価格が暴騰しました。「バブル経済期」です。このバブルが1991年初旬にはじけると、長期的な景気低迷の予想とともに婚姻率と出生率が急激に落ちました。テレビのゴールデンタイムを堂々と飾っていた幼児・児童向けコンテンツの視聴率も、それに伴い下落していきます。

マーケターたちは、即座に代わりとなる「第二の市場」に目を付けました。それこそが、当時新たな消費者層として台頭していた「女性」です。新たな消費集団を探していたマーケター

＊1　この年の韓国の順位は102位でした。

たちにとって、今まさに社会に進出を始めたばかりの女性たちは非常に魅力的なターゲットでした。

ところが、そんなふうに消費主体として注目された当の女性たちは、すぐに気付いてしまいます。既存の商品の中には自分たちがハマれるようなものがないと。それはアニメについても同様でした。1990年代に入ると、長い停滞の末にさびついた「古めかしい魔法少女アニメ」は、女性たちにとって——それも、すべての年齢層の女性たちにとって——もはや魅力的なものではなくなっていました。

そんな中で当時の東映と講談社の目に留まった作品こそ、新人漫画家の武内直子《たけうちなおこ》が描いた『コードネームはセーラーV』でした。同作は1991年初旬に『るんるん』で連載を開始した時点では、まだ有望な若手漫画家の読み切り作品にすぎませんでした。ところがその後、作者と名だたる児童コンテンツクリエイターたちの手によって同作は新たに練り直されます。

まず、原作では1人にしか与えられていなかったヒーローの座が、一気に複数名に与えられました。それまで複数名などもってのほかで、そもそも女性キャラクターに与えられること自体が珍しかった、あのヒーローの座が、です。これは結果として東映とバンダイがすでに何度も成功体験を重ねてきた手堅い必勝法「メディアミックス」を実現させることになりました。

彼らは毎年、少年たちをターゲットにした「スーパー戦隊」[*2]シリーズのテレビや映画、おもちゃといった派生商品に加え、ショーや出版物などを通して巨額の利益を得ていました。

『コードネームはセーラーV』は、メディアミックスを展開しやすい形式の新作『セーラームーン』として生まれ変わると、『なかよし』で連載をスタートさせました。それと並行して1992年3月からは、『セーラームーン』初のテレビアニメも、テレビ朝日系で毎週土曜日午後7時から放送されました。いわゆる「ゴールデンタイム」にあたるこの枠は『セーラームーン』シリーズの専用枠になりました。その後も続編にあたる『美少女戦士セーラームーンR』『美少女戦士セーラームーンS（スーパー）』『美少女戦士セーラームーンSuperS（スーパーズ）』『美少女戦士セーラームーン セーラースターズ』がその枠を継承しています。その結果については、前述した販売実績を見てもらえれば説明する必要もないでしょう。

働く女性とセーラームーン

こうした成果のすべてがマーケティングの妙だけによるものかといえば、もちろんそうではありません。『セーラームーン』大ヒットの背景にあった一つ目の柱がマーケティングだとするならば、二つ目の柱は1990年代の日本の少女たちの興味と趣向といえるでしょう。これに関して原作者である武内直子は、2013年に女性誌『RoLa』のインタビューでこう話しています。

＊2　韓国ではこのコンセプトを輸入して、「パワーレンジャー」という名前で放送しています。

私ね、その時「古い世代のオヤジに、女の子向けのキャラクタービジネスや美しいものを任せたらダメだろう」と思ったんです。（中略）でも当時は、「なかよし」の編集部もアタマのかたい年上のオヤジばかりだったし、私たち女性作家の意見はなかなか通らなくて大変だった。（中略）『セーラームーン』は、私も20代の女性で、バンダイの担当さんも若手の女性が多かった。その女性たちの目線が良い時代の良いタイミングで活きた作品だと思うわ。★44

1985年に「男女雇用機会均等法」が制定され、女性たちの社会進出が本格化した日本では、1990年代に入ると社会全体として「働く女性」が増えていきました。経済的に自立したばかりの彼女たちは長い間、「消費行為＝権力と自由に近づくための道の一つ」と考えていました。市場のほうも「女性消費者たちの権利意識が向上した」「女性の購買力が大きく増加した」と声高に叫んで彼女たちの消費行為を積極的に後押ししました。ひいては幼い少女たちにまで、自信や潜在能力、野心といったものの価値が強調されるようになっていきます。

当時の少女たちの興味や趣向も、まさにそこと重なっていました。『美少女戦士セーラームーンR』から『美少女戦士セーラームーンSuperS』までの作品でディレクターを務めた幾原邦《いくはらくに》彦《ひこ》は、2010年に北京大学と明治大学が主催したシンポジウムにおいて『セーラームーン』

は社会に出て積極的に働く現代女性たちをモデルにしており、『セーラームーン』を見た少女たちは皆、そんな「働いて消費するキャリアウーマン」を夢みていると話しました。★45

そのせいか『セーラームーン』の主人公である月野うさぎは、多くの少女アニメに登場してきた「いい子ちゃん」的なヒロイン像とはかけ離れています。彼女は今見ても違和感がないほど消費志向的で物質主義的です。うさぎが初めてセーラームーンに変身する第1話だけを取って見ても、彼女は友人である大阪なるの母親が営む宝飾店がバーゲン中だと聞き、迷わず店に向かっていました。

かわいくて、親近感がある「市場フェミニズム」

それでは、女性の消費力や消費欲求が産業的に認められた事実と、女性の権利向上の間にはどの程度の相関関係があるのでしょう?

もちろん全く無関係ということはありませんでした。それは確かです。しかし、女性消費者たちの市場価値と彼女たちの社会的な立場は全く別物として扱われていました。マーケターたちはジェンダー平等を実現しようとしたわけではなく、単に購買力の高い新たな消費集団を作ろうとしただけだったからです。こうして商品を購買し消費するという行為は、女性主義的なメッセージと出合った瞬間に「市場フェミニズム（Market Feminism）」を誕生させました。＊3

市場フェミニズムとは簡単にいうと、市場が見せる「大衆ウケする」女性主義的なメッセージのことです。家父長制を直接攻撃することなく、資本主義を含む現在の体制には背かないところで、個人的な成功や権力の向上、自律性にフォーカスする。分かりやすくシンプルで、気遣いの感じられるソフトなフェミニズム――それこそが、大衆親和的な市場フェミニズムの特徴です。

市場フェミニズムは、女性主義的なメッセージを、誰もが消費できて、なおかつ消費しなければならない一つのブランドへと作り替えます。もちろん、女性主義的なメッセージは広まるに越したことはありません。ですが、できる限り多くの人に消費してもらおうと思えば、女性主義のかわいげがなくて、魅力や親しみに欠ける部分を取り除く必要が出てきます。商品をヒットさせるには、トゲを出してはいけないのです。

そのため全世界の視聴者を魅了した大ヒット作『セーラームーン』は、女性主義的なメッセージに一部応えながらも、どこにもトゲを作りませんでした。『セーラームーン』は日本の伝統的なジェンダー規範や家父長的な規範を根本的に揺るがすことがなかったのです。大衆から見て、そのビジュアルやストーリー、女性主義的なメッセージは、すべてにおいてどこまでもポジティブで魅力的でした。

もちろん『セーラームーン』は、見る者に女性として生まれ、生きることを肯定的に捉えさせてくれました。ですが、その一方で女性や少女であることの不自由さやネガティブな面については徹底的に見せないようにしていたのです。市場も共犯者として、その事実を静かに伏せていました。当時、現実を生きていた少女や働く女性たちに与えられた自由は「消費の自由」にとどまっていました。誰もが『セーラームーン』の輝かしい成果に目を奪われていた頃、日本の女性たちが直面する不平等な現実は黙殺されていたのです。

ここで、一つ例を挙げてみましょう。『セーラームーン』を世に送り出した東映の魔法少女アニメシリーズは、2020年に放送された『ヒーリングっど♥プリキュア』に至るまでテレビシリーズのディレクターに女性を起用していませんでした。1990年代は言うに及ばず、魔法少女アニメが始まって半世紀がたった2016年の時点でも、です。『セーラームーン』シリーズの成功に寄与した女性アニメーターたちは皆、どこに消えてしまったのでしょうか？ その当時、少女たちが憧れた「働いて消費するキャリアウーマン」たちは、もしかすると世界最大の男女賃金格差の溝に落ちてしまったのかもしれません。

＊3　広義にはCommodity feminism、Commodified feminism、Commercialization of Feminismにも通ずるものです。代表的な事例としては、女性主義的なメッセージを商品の広告に使用するフェムバタイジング(Femvertising)があります。

第9章　魔法少女アニメはおもちゃのカタログ？

伝説的アニメ『おジャ魔女どれみ』

２０００年代に小学生だった人なら皆、『おジャ魔女どれみ』に憧れたはずです。『セーラームーン』ほどはヒットしなかったものの、私を含めた同年代の女の子の多くは、このアニメが大好きでした。登場人物たちの年齢層が低く、小学生にも感情移入しやすい日々の出来事が多く描かれていたからです。

派手さはありませんでしたが、ささやかで素朴な魔法も魅力でした。私は数ある魔法少女アニメの中でも、『おジャ魔女どれみ』に登場する魔法アイテムに一番憧れていました。どれもキラキラ輝いていて、ものすごく欲しくなるものばかりだったのです。きっと、そう思ったのは私だけではなかったのでしょう。『おジャ魔女どれみ』シリーズは、変身おもちゃの販売において５年間で総額２３０億円もの売上を記録しています。★46 子どもたちの評価から考えても、商業的な記録から見ても大成功と言える作品でした。

ところが2019年2月14日、当該シリーズのディレクターである佐藤順一《さとうじゅんいち》は、『PASH! PLUS』に掲載された『おジャ魔女どれみ』の20周年記念インタビューで、驚くことに次のような事実を明かしています。

　ぼくらは当時、子どもたちの反響よりも、視聴率とか玩具の売り上げとかの数字を相手にしていたんです。子どもたちが番組をどれだけ面白がってくれたかは、全然わかんなかったんですよ。（中略）子どもの反応がすぐにわかりませんでした。それがどれだけ正しかったのか、こうすればよかった、みたいなものがだんだん見えてきたのが20年経った今ですね[★47]。

その年代の少女なら必ず一度は見ていると断言できるほど人気のあった作品だというのに、当時の番組スタッフたちは視聴率とおもちゃの売上にばかり気を取られていたというのです。『おジャ魔女どれみ』に続いて制作された『プリキュア』についても似たような発言があります。2004年から2017年までのすべての『プリキュア』制作に関わった唯一の脚本家である成田良美《なりたよしみ》は自身のエッセイで次のように書いています。

　「今度こういうオモチャを発売するので、アニメで出してください」という要求をされて、新しい商品を出すために、物語の展開を変えることも少なくありません。これを私はオモチャ問題と呼んでおりますが、なかなか頭の痛い問題であります。[★48]

おもちゃ業界がアニメのストーリーにまで関与しているとは、おもちゃを売るのに随分苦労しているものだと驚いてしまいます。しかしこの「苦労」は、果たして少女文化にプラスの影響を与えているのでしょうか？

消費期限1年の消耗品、魔法少女

東映魔法少女アニメの最新作『プリキュア』シリーズは16年以上打ち切られることなく放映を続けているだけあって、かつて大ヒットした『セーラームーン』や『おジャ魔女どれみ』よりも商業性の高い作品です。『プリキュア』シリーズの1作目である『ふたりはプリキュア』と『ふたりはプリキュアMax Heart』は224億円も売り上げて、魔法少女アニメ史上、最高額のおもちゃ売上を記録しました。[★49]

玩具メーカーのバンダイは、それほど深く『プリキュア』に関与していたのです。これは児童コンテンツ市場において同社が体得してきたノウハウを注ぎ込んだ結果といえるでしょう。

第一に『プリキュア』は、小さく安価でコレクションしやすいおもちゃと、その小さなおもちゃをすべて集めることで完全なる機能を発揮するようになる大きくて高価なおもちゃを同時に生産してきました。ポイントは子どもたちの「コレクション欲求」を刺激することです。

２０１６年、東映魔女っ子アニメ50周年記念作である『魔法つかいプリキュア！』は、『ふたりはプリキュア』で描かれた運命的なパートナーシップと、『魔法使いサリー』で描かれた異世界の少女たちとの友情をオマージュしていました。13歳の人間の少女、朝日奈みらいは魔法界から来た魔法学校の生徒、十六夜リコと出会います。二人は最初、リコのいる魔法学校に通っていましたが、みらいが人間界に戻ってしまうとリコがそれを追ってきて再び同じクラスに通う友達同士になりました。

ところが『魔法つかいプリキュア！』と『魔法使いサリー』は、共通して「友情」というテーマを持っていながら、おもちゃの販売方式がまるで違います。『魔法使いサリー』はサリーの顔が描かれた商品を販売する程度にとどまっていましたが、『魔法つかいプリキュア！』の視聴者たちは、みらいやリコと一緒に「リンクルストーン」と呼ばれる宝石を集めなければなりませんでした。このリンクルストーンは、「リンクルステッキ」「リンクルスマホン」「フラワーエコーワンド」「レインボーキャリッジ」といった、より大がかりなおもちゃとつながっています。子どもたちは、それらのおもちゃにリンクルストーンをセットすることで「より強力なプリキュアの力」を得られるという仕組みになっていました。

第二に『プリキュア』はシリーズ全体の根幹となる要素、例えば「女の子たちが戦って悪を倒す」といった設定だけを残して、毎年新シリーズを生み出してきました。これは「更新システム」とも呼ばれ、マーケティング上の利便性とも深く関わっています。

子ども向けのアニメを制作、マーケティングする上で最も大きな課題の一つは、ターゲット視聴者層の成長の速さです。つい1年前までメイン視聴者だった子どもたちも、今年はターゲットから外れる可能性があるのです。そのため毎年、新たなマーケティング展開が求められるわけですが、これは言うほど簡単なことではありません。例えば4〜9歳という固定視聴者層に対して、これまで押し通してきた便利なマーケティング方式をそのまま使い続けようと思えば、アニメの登場人物たちに、その年代の子どもたちと持続的な関係を結ばせる必要が出てきます。要するに、登場人物たちは視聴者である子どもたちから見て永遠に同年代か、自分より少し年上の「お姉さん」でなければならないのです。

そこで『プリキュア』は、こんな解決策を提示しました。毎年、新たなキャラクターが新しいおもちゃを持ってやってくるというスタイルです。彼女たちは全員プリキュア戦士で、彼女たちが持つおもちゃも、すべてがプリキュアの武器。根幹となる設定や大枠は変えずに、見かけだけ毎年変えるという方法でした。見かけを変えれば毎年同じ方法でおもちゃのセットを売ることができますし、新たな中学生主人公を世に送り出すことができます。まるでシリーズ全体を冷蔵保存するがごとく(!)、鮮度をキープできるのです。

結果として、このシステムは成功を収めました。もし2024年までこのシリーズが続くとするならば、『プリキュア』は20年目に突入する魔法少女界の最長寿番組であり、唯一無二の魔法少女ブランドになります。とはいえ、アニメの主人公たちは決して視聴者たちとともに成長することはできません。彼女たちの消費期限は、たった1年なのですから。

「女の子だって暴れたい！」

そうは言っても、こうした明確な限界は、少女キャラクターたちに最初から与えられていたわけではありませんでした。『プリキュア』の生みの親である鷲尾天《わしおたかし》は２０１８年2月28日、国際女性デーを記念した『朝日新聞』のインタビューでこう話しています。

企画書に書いたコンセプトは「女の子だって暴れたい！」です。それまでの女の子向けアニメは「魔法もの」が多くて、アクションがあまりないなと思っていました。（中略）企画を考えたときは「小さな子どもは、男の子も女の子も変わらない」と思っていました。親御さんが「女の子らしくしなさい」「男の子らしくしなさい」と教育して、だんだんと分化していくんだろうと。私も小さな頃は隣に住む女の子と一緒に遊んでいました。大人になりきるような変身ごっこも2人でやっていましたね。だから、女の子も絶対に変身ものは好きだろうと確信的に思っていました。ドラゴンボールZを手がけていた西尾大介《にしおだいすけ》さんに監督をお願いしました。（中略）アクションを基本とすることに、放送開始前は「女の子が見てくれますかね」と言われることもありました。変身アイテムのおもちゃは携帯電話の形で、カードを読み込ませて遊ぶのですが、おもちゃ会社の方では「女の子はカードで遊ばない。男の子だけだ」という意見もあったそうです。でも、放送初日に近所のおもちゃ店に行ってみたら、次から次と売れていた。（中略）男女の差についての話は絶対に盛り込みませんでした。「女の子だから」「男の子だから」といったセリフもやめてもらっています。（中略）プリキュアの戦闘には、男の子のキャラクターは参加しません。イケメンの男の子も登場するけれど、非力な存在です。女の子が主役で、自分たちで物事をとにかく突破することを見せたかった。どんなに巨大なものに立ち向かうときも、自分たちで解決する気持ちが一番大切だろうと思っていました。（中略）女の子がりりしく、自分たちの足で地に立つということが一番だと思って、プリキュアを作ってきました。★50

初めて『プリキュア』を見た時の衝撃は、今でも忘れられません。初めて『セーラームーン』を見た時とは全く違う種類の衝撃でした。主人公たちがキラキラした魔法ではなく、自ら体を張って敵と戦っていたからです。シリーズの1作目である『ふたりはプリキュア』の主役、美墨なぎさはラクロス部に所属しており、優れた運動神経を十分に発揮して主にパンチとキックで戦います。一方、優等生的なキャラクターの雪城ほのかは柔術のような関節技を掛けたり、相手の力を利用して敵を投げ返したりするアクションを披露しています。

後続作に関しても同様でした。むしろ「シリーズを追うごとにバトルシーンが冴えなくなってきた」という根拠のない噂によって、よりバラエティーに富んだアクションを見せるための努力がなされています。加えて同作はバトルシーンだけでなく、シリーズごとに「性平等」や「多様性」といった重要なメッセージを込めながら、鷲尾天の信念を受け継いでいます。

しかしその一方で『プリキュア』は、先ほど『魔法使いサリー』の項目で指摘した「市場の細分化」にも極めて忠実でした。東映株式会社の重役で「スーパー戦隊」シリーズや『仮面ライダー』シリーズのプロデューサーを務めた白倉《しらくら》伸一郎《しんいちろう》は、雑誌『ＦＲａＵ』２０２１年８月号のインタビューでこう述べています。

> 番組のつくりが、玩具を売ってそのマーチャンダイジング収入を制作費に回すというビジネススキーム。玩具業界では商品を男の子向け、女の子向けと明確に分けているので、番組視聴者のターゲットを絞る戦略というのは今も行われています。★51

では、ここで２０２１年に制作された『トロピカル～ジュ！プリキュア』を見てみましょう。タイトルからして、すでにリップを意味する「ルージュ」という単語が使われていますね。同作ではそのタイトルにふさわしく、すべての変身アイテムがコンパクトやリップ、香水、鏡といったメイク道具になっていて、主人公たちはメイクをすることでプリキュア戦士に変身していました。もちろん、その前のシリーズに関しても大きな違いはありません。メインとなるプリキュアの担当カラーはそのほとんどが「ピンク」でしたし、すでにあらゆる変身アイテムがメイク道具を模して作られていました。鷲尾天の言う「暴れたい女の子たち」も、結局はメイク道具を模した大小のアイテムをいくつも世に送り出し、「チーク！」「リップ！」「アイ！」と、いちいちメイク過程を叫ばなければ正義のために戦う戦士になれなかったのです。

かつて私たちの親友だった魔法少女たちを想う

由緒正しき児童コンテンツ制作会社である東映とバンダイは、自社のノウハウを駆使して現代の少女たちが必要とする商品をいち早く形にしてきました。女の子たちは極度に機械化および資本化されたその販売戦略のおかげで、肉弾戦を繰り広げる同年代の少女たちの映像を見ることができたわけです。とはいえ、どんなに素晴らしいメッセージを含む作品といえども、子どもたちがプリキュアになる手段はアニメのおもちゃを購入することだけ。

そのせいか魔法少女アニメを見ていると、不意にこんな疑問を抱いてしまいます。もし今子どもたちが見ているものが、巧妙に作られたおもちゃのカタログなのだとしたら、アニメの放映目的がおもちゃに対する子どもたちの所有欲をあおることなのだとしたら……、果たしてそれで少女たちに有意義なメッセージを伝えられるのだろうか、と。

私たちは皆、かつてテレビの中の魔法少女たちと友達でした。彼女たちの中には今なお「懐かしのアニメキャラクター」として店頭に並んでいる子もいます。私たちは、「おもちゃを売る」

という業界の目的のせいで、共に成人することができなかったそうした魔法少女たちについて改めて語るべき時を迎えているのです。

第10章　すべての文学は少女から始まった

少女小説とは何か

藁のベッドに、自家製のいちご水、モスリンのドレスを着た「本物のまつげ」付きの大きな人形や、ライムのピクルス、レモンゼリーでいっぱいのプール……。幼い頃にロマンを抱き、頭の中で想像しながら一度は触れてみたいと願ったこれらの品々は、少女小説を語る上で欠かせないアイテムでした。[*1]

２０２０年代に入ると、そうした少女小説が再び脚光を浴びます。ルイーザ・メイ・オルコットが１８６８年に発表した小説『若草物語』が２０１９年にハリウッドで映画化され、注目を集めたのです（『ストーリー・オブ・マイライフ／わたしの若草物語』日本公開は２０２０年）。韓国のオンライン書店で『若草物語』を検索すると２０１９年後半から２０２０年初旬にかけて多数の新訳版が出ていることを確認できます。

多くの子どもたちは世界名作全集を通して少女小説に初めて触れます。私の場合もそうでした。そのうちに日本で制作されたアニメ版によって再びそれらの作品に心を奪われ、さらに成長してからは自然と原作に手を伸ばすようになりました。このように少女小説は、女児たちの成長過程において、かなり大きな役割を果たしているだけでなく、かつての少女たちと今の少女たちをつなぐ、かけはしにもなっています。

ところが社会人になってから、いろいろな人たちと話をする中で、私は衝撃的な事実を知りました。なんと男性の多くは前述した作品に触れることなく育つというのです。大半の男性は、それらの作品のあらすじどころか登場人物の名前すら知りませんでした。女の子であれば『若草物語』の四姉妹の名前や、『アルプスの少女ハイジ』でハイジが食べていたパンのこと、『赤毛のアン』でアンと一番仲が良かった友達のことまで、いまだにスラスラ語れるというのに、です。

私はこのことから、どうやら「少女小説」とは「少女たちが読むあらゆる小説を指す言葉」ではなく「少年たちが読まない小説だけを指す言葉」らしいと思うようになりました。なぜなら私を含む多くの少女たちは前述した少女小説を読む一方で、『王子と乞食』や『ハックルベリー・フィンの冒険』など、少年が主役の小説も読んで育ったからです。はて、それでは実際のところ、「少女小説」とは一体どういうジャンルを指す言葉なのでしょう?

＊1　順番に『アルプスの少女ハイジ』『赤毛のアン』『小公女』『若草物語』『あしながおじさん』に登場するアイテム。

少女小説というプロパガンダ

標準国語大辞典（韓国の国立国語院が編纂した国語辞典）によると、少女小説とは「作家が少女にふさわしい読み物として書いた小説、または少女が書いた小説」のことです。しかし英語圏には、読者の性別の違いによるカテゴリ分けは存在しません。実は、私たちにとってなじみ深い「少女小説」や「少年文学」という名称は日本で生まれたものでした。

19世紀中盤、日本では明治維新が起きています。明治維新とは中央集権統一国家を形成し、西洋の文物を積極的に受容する方向へと舵を切った近代化改革のことです。この改革の影響で、それまで教育から除外されてきた少女たちの就学率は、1891年32・2％から1904年91・5％まで爆発的に上昇しました。これは少女たちの識字率の増加を意味しています。当時、日本の出版市場はこのチャンスを逃すことなく、すぐさま少女たちをターゲットにした雑誌や書籍を大量に発行し始めました。「少女小説」というジャンルは、まさにこの時期に生まれたのです。[★52]

当時、日本の少女たちの間で最も人気のあった作品は、ルイーザ・メイ・オルコットの『若草物語』だったといいます。『Anne of Green Gables（緑の切妻屋根のアン）』を『赤毛のアン』というタイトルで日本に広めた児童文学翻訳家の村岡花子《むらおかはなこ》も1893年生まれで明治維新の影響を直接的に受けた世代でした。彼女が翻訳した『赤毛のアン』はその後、日本語版の同作を知った韓国の児童文学家兼翻訳家である申智植《シンジソク》によって、1962年に初めて韓国に持ち込まれて

います。★53
『赤毛のアン』の例からも分かるように、韓国の少女文学は日本の影響を大きく受けていました。現在、読み返されている少女小説も、その多くは1975年にフジテレビで放映された『世界名作劇場』のイメージを継ぐものになっています。つまり、韓国は日本人向けにアレンジされた西洋のYA作品をそのまま受け入れていたのでした。

ところが、西洋で誕生したそうした作品は東アジアに持ち込まれる過程で大々的な編集が加えられます。原作では当然のごとく描かれている後日談や政治的・宗教的な色合いの強い部分がすべてカットされ、少女たちが共感しやすいであろう主人公の幼少期だけが残されたのです。そのせいで『若草物語』の続編にあたる『若草物語第4（ジョーの少年たち）』や、『あしながおじさん』の続編である『続あしながおじさん』の存在はもちろんのこと、『赤毛のアン』が『緑の切妻屋根のアン』というタイトルの一大シリーズ小説であるという基本的な事実さえ、長い間忘れられていたのでした。

その上、「少女小説」というカテゴリは、そうした「編集」の刃によって家父長的な社会のための「プロパガンダ」として再構築されていました。それについてミステリー専門誌『ミステリア』の編集長キム・ヨンオンは、著書『文学少女』でこう表現しています。

言うなれば、女性たちは子どもの頃から良妻賢母に必要な知性を養うために世界の名作の読破を推奨され、同世代の悩みを鋭く描いた作品などではなく、数十年にもわたって「古典」や「名作」として（男性知識人たちから）評価された文学リストを突きつけられていた。彼女たちはそれらの本を熱心に読んで感銘を受ければ「夢みる乙女チック」だとか「感傷的」だとか言われて嘲笑され、そうした本を拒んで映画鑑賞や恋に明け暮れようものなら無学なアバズレだと「異端扱い」された。彼女たちが執筆した作品も同様で「正統な創作物」として認められることはなかった。[★54]

少女たちには、「少女小説」というカテゴリを自ら構築する権利も、作品に対して主体的または批判的な感想を持つ権利も与えられていませんでした。それどころか、彼女たちがそうした作品に感化されて直接的にその感想を述べたり、新たな作品への創作意欲を燃やしたりすることは「感傷的で幼稚な行為」とされたのです。彼女たちへのそうした冷ややかな視線を端的に示す単語こそ「乙女チック」でした。こうした二重の圧力によって、少女たちが属する社会はもちろん、少女たち自身も「乙女チック」や「少女小説」というカテゴリをさげすむようになっていきました。

その結果、少年たちの物語である『十五少年漂流記』や『トム・ソーヤーの冒険』『オリヴァー・ツイスト』は、メッセージ性のある作品として老若男女の必読書になったのに対し、「乙女チック」な感性を含む『秘密の花園』や『若草物語』などは、まるで未熟な女児たちが読む小説かのような扱いを受けるに至ったのです。少女が主役であったり、女性作家が少女向けに書いたりした作品は、まともな批評や分析の対象にはならないとみなされたのでした。

少女小説は文学そのものだ

しかし、少女を無視して文学など語れるでしょうか？　エンヘドゥアンナ、清少納言《せいしょうなごん》、紫式部《むらさきしきぶ》は、世界初の詩人、随筆家、小説家として歴史に名を残しています。皆、女性の名前ですよね。彼女たちの作品に登場する人たちは、当時の基準で考えれば社会に出て活動する成人ですが、現代の基準に合わせれば皆、10代後半から20代前半までの少女たちでした。つまり文学は少女たちとともに始まったのです。

アジアの女性たちが文学史の礎を築いていた頃、ヨーロッパではレスボス島のサッポーが抒情詩を生み出しました。そして、それを継承したヨーロッパの女性作家たちが、文学を現代の私たちが知る形へと整えていったのです。近代小説の先駆者の一人であるラファイエット夫人は、フランス文学初の歴史小説でフランス心理小説の祖とされる『クレーヴの奥方』を執筆し、同じく女性作家のソフィー・フォン・ラ・ロシュやアンヌ・ルイーズ・ジェルメーヌ・ド・スタールもまた、少女の物語を描いてそれぞれドイツとフランスでロマン主義文学の先駆者となりました。

「ジャンル」というものの始発点にも少女がいました。最初のSF小説、もしくはその前兆を示す作品と評されるマーガレット・キャヴェンディッシュの『光り輝く世界』は、偶然たどり着いた別世界で女帝となった若い女性を主人公にしています。クララ・リーヴとアン・ラドクリフはホラーの変曲点となるゴシック小説を開拓しました。さらにアン・ラドクリフの作品を読んで育った少女はのちに作家となって、現存するラブコメディーの原型を作ります。それが人物描写の匠ともいえるジェイン・オースティンでした。

メアリー・シェリーにしか作れない怪物

このように文学があるところには常に少女たちがいました。ところが、かくいう私も少女小説や少女文学というものをひどく狭い視野で見ていた時期がありました。そんな私の偏見を壊してくれた作品こそ、『カーミラ』と『フランケンシュタイン』です。

『カーミラ』は私が初めて「これぞ、少女小説だ！」と思いながら読んだ作品でした。小学校低学年の頃、学級文庫でタイトルに惹かれて手にした『カーミラ』から、私は雷に打たれたような衝撃を受けました。それまで私が見てきた吸血鬼は皆、女性のかぼそい首を狙う男性ばかりだったのに、カーミラは違ったのです。貴族的な雰囲気をまとう少女の姿で現れた彼女は、友情を装って自分と同年代の少女ローラに近づきました。

なんといっても、十三年前のあの時から私たちはお友だちになることが決まっていたのね。

私があなたに心惹かれたように、あなたも私のことを忘れないでいてくださったのね。私は今までお友だちがいませんでした。でも今やっと、お友だちができたのですわ。★55

実は、この『カーミラ』という作品は、初めてレズビアンの吸血鬼を扱った作品でした。そのため当然、同作の著者は女性だと信じて疑わなかったのですが、のちに著者が男性だったことを知って驚いた記憶があります。

メアリー・シェリーの『フランケンシュタイン』は、そういう意味で『カーミラ』とは真逆の作品です。『フランケンシュタイン』は怪物が登場するおどろおどろしいSF小説ですから、誰もこれを少女小説だとは思わないでしょう。ですが『フランケンシュタイン』は、「少女小説」の基準を十分に満たした作品でした。なぜならメアリー・シェリーは、18歳の時にこの作品の執筆を始め、20歳で脱稿したのですから。

作中にも若い女性である著者自身を投影したと思われる人物を見つけることができます。それが主人公ヴィクター・フランケンシュタインの従兄妹《いとこ》で婚約者のエリザベス・ラヴェンツァです。彼女に関する描写を見ていると、もしやメアリー・シェリーは自分自身について語っているのではないかとさえ思える部分が出てきます。

特にウィリアム殺害の濡れ衣を着せられ死刑を言い渡されたジュスティーヌとエリザベスの間で交わされる会話などは、間違いなく少女間の友情を描いていました。死刑執行を前にしたジュスティーヌはエリザベスに別れの挨拶をします。「さようなら、お嬢さま。エリザベスお嬢さま。わたしの大切な、ただひとりの友だちです」★56

他にも『フランケンシュタイン』には生と死、科学と自然に対する不安と恐怖について語る文章が数多く登場します。ところが、どういうわけか他の少女小説に出てきたら「安っぽいニヒリズム」だとか「チープで乙女チック」だとか言われてけなされてしまいそうなそうした文章が『フランケンシュタイン』出版当時には、「人間社会に対する鋭い批判」「人間の内面に対する深い探究」だとして称賛されたのでした。それはメアリー・シェリーがこの作品を匿名で発表していたからです。しかしその後、著者の本名が公開されると、批評家たちは口をそろえて著者が女性である点を指摘し始めました。

とはいえ、SF小説の名作である『フランケンシュタイン』は、著者であるメアリー・シェリーが女性だったからこそ誕生した作品です。『フランケンシュタイン』に関する無数の研究や論評が、「生と死や、科学と自然に対する不安や恐怖」という同作の核心部分はメアリー・シェリーの出産と流産の経験に由来すると述べています。彼女自身が経験した恐怖——すなわち自らの体を掌握する力を失って、ゴールの見えない未知の世界に身をゆだねなければならない恐怖と、その過程で密接に絡み合ってくる生と死に対する恐怖です。

数多くの文学作品が少女によって、少女のために、少女を主役として誕生しました。そのうちの大部分は少女としての経験なくしては決して生まれないものでした。

このように文学の礎の形成に大きな影響を与えてきた少女たちは、一体いつになったら文壇においてその重要性を正当に認められるようになるのでしょうか。

第11章　私らしくいられない世の中で「児童書」として生き残る

あの頃、私たちが愛した少女小説の話

先日、オンライン古書店を見ていて驚くべき本を見つけました。1990年代にチギョンサから出版された少女文庫シリーズに入っていた『ふたごのステキな計画』と『ふたごは誰も止められない』（「スイート・ヴァレー・ツイン」シリーズの韓国語版タイトル。韓国では同シリーズのうち、『ふたりにキッス』や『チアリーダー戦争』など中学時代のエピソードのみを全4巻にまとめて翻訳編集し出版していた）の中古本です。当時3千ウォン（約300円）で売られていたその本は、4、5万ウォン（約4、5000円）にまで値上がりしていましたが、私は急いで2冊とも手に入れました。今ここで買わなければ、ようやく見つけたこの本が他の人の手に渡ってしまうかもしれないと思ったからです。

多くのマニアたちから今なお愛され続けるチギョンサの少女文庫シリーズは、1980年代の中盤から後半にかけて「少女明朗シリーズ」という名で出版されていました。その後、1990年代初頭には「少女のための名作お友達文庫」として再発売もされています。このシリーズには私たちがよく知る古典の名作『秘密の花園』や『赤毛のアン』などを筆頭に『若草物語』

の著者ルイーザ・メイ・オルコットによる『八人のいとこ』や『花ざかりのローズ』、『あしながおじさん』の著者ジーン・ウェブスターが書いた『おちゃめなパッティ大学へ行く』なども収録されていました。私が苦労して手に入れたフランシーン・パスカルの「スイート・ヴァレー・ツイン」シリーズや、かの有名なハンター・デービーズの「おしゃまな少女フロッシー」

シリーズ、イーニッド・ブライトンの「マロリータワーズ学園」シリーズや「おちゃめなふたご」シリーズに加え、ロイス・ローリーの「わたしのひみつノート」シリーズなども、このシリーズの代表作です。[*1]

前述したような古典の名作は継続的に新訳版が出ていますが、このシリーズに関しては1998年の復刊を最後に、現在まで復刊していません。そのためオンライン古書店はもちろん、フリマサイトなどでも、このシリーズを探している人が大勢いるのです。こんなにも多くの人が求めているというのに、どうして復刊しないのでしょう？　版元であるチギョンサの関係者によると、当時はそれらの作品の大部分が正式な契約を経ずに出版されていたとのことでした。そんなにも、違法行為をしていたわけではありません。1980年代当時の韓国は万国著作権条約（UCC）に加盟していなかったため、それも可能だったとのことでした。ところが1987年から1996年にかけてUCCはもちろん、ジュネーブ・レコード条約やベルヌ条約などに次々

＊1　順に原題は「Sweet Valley Twins」「Flossie Teacake Adventures」「Malory Towers」「St. Clare's series」「Anastasia's series」です。

と加盟するようになると、そうした行為は違法と規定されるようになります。★57
それに伴い、それらの本の再発売にあたっては新たな出版契約が必要になったわけですが、実際に契約を結ぶとなると金銭的な折り合いがつかないとか、作品が古すぎて原書の版権を持つ出版社が分からないといった、さまざまな困難にぶつかるのだとか。読者の感覚も当該シリーズが人気を博した１９８０～１９９０年代とは大きく変わっています。今の時代に合った良作が数多く誕生している中で、仮に契約が成立して復刊がかなったところで、そうした懐かしの作品が今の子どもたちに刺さるかどうか分からないとのことでした。少女文庫シリーズを読んで育った人たちが出版社に入社したり、かつての読者から復刊を求める連絡が入ったりすることも多いそうですが、古くなった作品は外見だけ変えて出すわけにもいかないのです。

時代の流れと市場の荒波の中で漂流する児童文学

児童書が時代の荒波にもまれて漂流するという現象は、なにも韓国だけに見られるものではありません。『ピーターラビットのおはなし』で有名なビアトリクス・ポターや『はらぺこあおむし』で知られるエリック・カールの出版物をはじめ、『くまのパディントン』、『すすめ！オクトノーツ』、『リサとガスパール』、『オリビア』、『スノーマン』、『メイシー』のほか、アガサ・クリスティやイーニッド・ブライトンのＩＰ（Intellectual Property の略で、知的財産権のこと）を所有していたイギリスのコリオンでさえ、サブプライム住宅ローン危機（２００６年12月以降、アメリカで低所得者向けに高金利の住宅ローンを扱う金融機関が経営破綻し、世界経済に深刻な影響を与えた）の余波によって２０１１年に破産してしまいました。

それまでのキャラクターライセンスにおける主なゴールは児童書を出版することでした。前述したキャラクターたちも児童書――それも誰もが一度は聞いたことがあるほど有名な児童書から生まれたキャラクターたちです。ところが２０００年代に入ると、映像コンテンツが急速に勢いを増してきます。時代の分岐点に立たされていたコリオンは、サブプライム住宅ローン危機の余波にまでは耐えられなかったのでした。たった一度の経済危機によってコリオンが保有していたＩＰは散り散りになり、それらの大部分はドリームワークスや、ソニー傘下のシルバーゲートメディアなど、巨大メディアの所有物になってしまいました。

このように子ども文化の根幹である児童文学は、外部の圧力に対して脆弱です。それについては少女小説も例外ではありませんでした。国際条約への加盟は是非を問うまでもなく当然のことですが、それによって韓国内の少女小説市場が大きく萎縮したのも事実です。チギョンサの少女文庫シリーズは１９８０年代に出版されて以降、１９９８年に一度改訂版が出たきり新しいシリーズが出ていません。１９９０年代初頭にはイ・ヨンの『13歳は愛が必要』『13歳の小さな悪魔』などが同年代の少女たちの間で人気を博しましたが、そのブームもすぐに終息したのでした。

こうして出来た空白は２０１０年代まで続きます。理由は、チギョンサやムンゴンサによって韓国内に広められた少女小説のほとんどが、アメリカやイギリス、日本原作の翻訳小説だったからです。2000年代初頭には「おちゃめなふたご」シリーズとして知られるイーニッド・ブライトンの「セント・クレア」シリーズがハノン出版社で復刊されていますが、それも販売実績が振るわず現在では絶版になっています。結局、少女小説は1990年代にほんの一瞬だけ花開いてすぐに消えた過去の文化になってしまったのでした。

青少年が共感できない青少年小説!?

時代的な空白は文化的な断絶に直結しました。2000年代の韓国の青少年小説は、私たちがかつて愛した少女小説とはかなり落差があったのです。最も大きな問題は、大人の著者と青少年の読者の間の溝が想像以上に大きかったことでした。

「おちゃめなふたご」シリーズや「おしゃまな少女フロッシー」シリーズなどは、羨望の対象であったアメリカやイギリスといった国を舞台にしていましたが、そこから遠く離れた東アジアに住む少女たちも共感できるキャラクターを介して物語が進んでいきました。例えば、突然、弟が出来たと知らされて家出したくなるアナスタシアや、一番の親友でもあった、ふたごの妹ジェシカが自分とは異なる道を進もうとすることに戸惑うエリザベス、苦しい家族環境からお金を盗むに至ったキャサリンの事情をくんで彼女を許したサリバン姉妹のお話などです。

ところが少女たちが自分の意思で買って読んでいた少女小説文化が消えた1990年代後半の児童・青少年文学は、読者が青少年なのに対し、著者は大人で購入者は保護者。その上、推薦者は教師という皮肉な事態に陥ります。児童文学評論家のオ・セランは『チャンビオリニ』２０１３年冬号に掲載された「青少年小説の中で繰り返される、いくつかの様相」という寄稿文で、当時の青少年小説は「新たに登場した〝今どきの子どもたち〟への理解が追いついておらず後手に回っていて、作中に登場する子どもたちの多くが環境に迫られ大人の役割を強要されているような作品ばかりだ」と指摘しています。[★58] 出版コラムニストのハン・ミファも同様に「青少年小説は時に、異性交際やら集団暴力、アイデンティティの確立に至るまで、当代の問題について大人たちが考える正解を教え込もうとする」[★59]ような傾向さえあったと語っています。

そんなふうに２０００年代の青少年小説は、青少年がメインキャラクターだというだけで当の青少年には共感できない物語になっていました。その間に私たちが憧れつつも心の奥深くでは共感することのできた少女小説はほこりをかぶり、今どきの子どもたちには全く響かない過去の作品になってしまったのです。

文化的トレンドとしての地位を確立した少女文学

２０１６年に起きたソウル江南トイレ殺人事件（ソウル・江南駅近くの商業ビルのトイレで20代の女性が面識のない男に殺された事件。犯人は犯行の動機として女性への憎悪を挙げている）をきっかけとして、韓国社会には一気にフェミニズムの波が押し寄せました。児童・青少年文学の分野も例外ではありません。女性たちを真正面から描いた青少年小説が本格的に登場したのも、このころでした。

『チャンビオリニ』２０１７年夏号の「児童文学とフェミニズム」特集では、児童文学評論家のキム・ジウンが「発見される声と可能性」という寄稿文で２０１５年に出版された『青いライオンのワニ』を「女性主人公で始まり女性主人公で終わる物語」と紹介しています。[★60]『青いライオンのワニ』は、草原の中でマディバばあさんの率いる群れから追放されたメスライオンのワニが、同じく仲間から爪はじきに遭ったライオンたちと共に群れを成し、ついには黒い土地の主になるというお話です。どこまでもオスを中心に描かれていたディズニーアニメの『ライオン・キング』とは随分違う作品ですね。しかし実際のライオンたちがメスを中心に群れを成すことを思えば、『ライオン・キング』がどれほど女性排他的に描かれていたのか、そして『青いライオンのワニ』がどれだけ事実に則して描かれているのかが分かるはずです。

　また、出版社ビリョンソでは「Ｎｏ.１マシュマロフィクション公募展」というものを作って、「ガールズ審査委員団」制度を導入しました。１０１名の小中学生で構成されたガールズ審査委員団は、講評と大討論会を通して直接作品を審査しています。読者と著者の距離を縮めようというこうした努力のおかげか、この文学賞を受賞した『ミカエラ：月光ドレス盗難事件』や『カシオペア：悪夢を払う少女』、『幻想バスター』、『未知の青』などは10代の読者から愛され続けています。

　その他にも、７０１号室に住む物理学者のおばあさんと3年前に事故で家族を失ったジスが時空を超えて友情を育む『宇宙へ行く階段』や、推理小説形式でリアルな学校生活を冷淡に指摘する一方で、心を開くことの重要性を伝える『トッコソムに惚れたなら』、愛するすべての生き物の本音を聞くことができるホンジャ先生が、大きな声を出せないナヨンの言葉を黙って聞いてやる『美しいものは何度も思い出す』など。2020年代に入った今、韓国の少女小説は独自の方法で着実に一つの文化的トレンドを育んでいます。

児童文学が自立できる土壌を夢みる

児童文学評論家のキム・ジウンは、前述した寄稿文を「私たちより若い女性たちの人生が今後より多くの連帯と出合えるよう望むとともに、その媒介の支点に児童文学があるようにと願う」★61という言葉で締めくくっています。このささやかな願いはゆっくりと、しかし着実に実現してきているように見えます。

とはいえ、文化は出版業界の努力だけで維持できるものではありません。前述したコリオンの事例のようにIPを保有する企業や出版社が破産したり、シリーズが絶版になったりすると、その遺産も一緒に宙に消えてしまいます。児童図書が資料としてアーカイブされたり、学術機関の助成金を受けて研究されたりといったことは、めったにありません。そのため子どもたちの文化は、時としてあっという間に絶たれてしまうのです。すでに述べているように、児童文化はマイノリティーの文化ゆえ、外部からの圧力にすこぶる弱い。だからこそ、子どもの文化が自生できる土壌と制度的な枠組みが切に求められるのです。

2020年12月31日、「自分らしさを考える児童書教育文化事業」終了のニュースが突如として飛び込んできました。「自分らしさを考える児童書教育文化事業」は、「自分らしさ」に気付かせてくれる児童書を選定・発掘し、生み出していくというプロジェクトです。ジェンダーセンシティブの観点から児童図書のキュレーションをする非営利団体シングツー創作所が企画・運営し、女性家族部（女性の地位向上や青少年の育成・福祉・保護などを担当する韓国の国家行政機関）のほか、ロッテや、緑の傘子ども財団が主催・主管する最初の教育文化事業でした。このプロジェクトでは、ジェンダーセンシティブに関する児童書を選定し、シンポジウムを開いて選定図書を各学校に配布したり、書店や図書館などと連携して積極的に広報活動をしたりもしていましたし、趣旨に合った本を出版すべく公募展も開催していました。これまで児童書に関して、これほど大きな事業が展開されたことはありませんでしたから、児童・青少年文学を愛する人々はもちろん、作家や出版編集者など業界関係者からも大きな期待が寄せられていました。ところが、どうにもナンセンスな「煽情論争」によって、本来2021年まで続くはずだった同事業は急遽、2020年の時点で早期終了することになってしまいます。★62

その結果、「自分らしさを考える児童書創作公募展」の大賞作もキム・ダノの『秘密の願い』一冊を残して歴史の中に埋もれてしまいました。『秘密の願い』は、おばや祖母と暮らすミレと、両親が別居を始めたばかりという親友のイラン、芸能人になることを夢みるヒョヌクの三人の物語を通して、ミレのおばさんが言うように「みんなと同じであることだけが幸せなのではない」というメッセージを伝える作品です。

残念ながら、こんなにもすばらしい作品に続く第二回、第三回の「自分らしさを考える児童書創作公募展」受賞作は誕生しませんでした。それでも、自分らしさを考える児童書教育文化事業を運営する中で経験を積んだシングツー創作所と選定委員たちは、この事業の重要性を認める支援者たちの後援を受け、新たなスタイルで自分らしさを考える児童書プロジェクトを続けることにしました。こうして当時の基準では選定されなかった作品まで含む計262冊の本を紹介する『今日の児童書1』が2021年9月に出版されました。2021年発売の1巻を皮切りに、毎年新しく出版されるジェンダー平等に関する児童・青少年向け書籍のリストを更新し販売していく予定とのことなので、今後の歩みが期待されます。

第12章　文学界、少女ヒーローの裏に隠された性差別の陰

女性作家によって生み出された大ヒット三作

『ハリー・ポッター』『ハンガー・ゲーム』、『トワイライト』——。この20年間、全世界で最も人気を博した三つの青少年向けシリーズ小説には、どれも主役の一人として少女が登場します。『ハリー・ポッター』のハーマイオニー、『ハンガー・ゲーム』のカットニス、『トワイライト』のベラは皆、少年主人公たちに劣らぬ「少女主人公」でした。彼女たちはそれらの作品の人気にも大きく寄与しています。

この三人の少女たちは、いずれも女性作家の手によって生まれたキャラクターでした。2000年以降に受賞歴のある青少年小説のうち、実に全体の56％が女性作家による作品であることを思えば、当然の結果ともいえるかもしれません。ちなみに男性作家による作品は全体の46％に留まっており、女性が書いた作品よりも10％少なくなっています。[*1] 女性作家が市場の過半数を占めている上にベストセラーまで輩出しているとなれば、青少年文学界における性差別は

統計上、完全に払しょくされたように見えるでしょう。しかし、実情は全く違います。★63

男性優位なSF文学界

一般的に「性差別の終結」を宣言する時に使われる統計は、たやすく現実をゆがめます。ある数値がそれを表しても、別の数値がそれを表さないからです。例えば青少年文学における主人公の割合は、男性が49％なのに対して女性は36％にすぎないという事実は、前述したような宣伝文句には使われません。★64

ましてや女性主人公の割合は、対象となる読者の年齢が低くなればなるほど減っていきます。12歳から18歳までを対象とした文学作品では65％が女性を主役にしていますが、9歳から12歳までを対象とした作品ではその約半分の36％でしか女性を主役にしていません。児童文学に至っては、いよいよ絶望的です。１９９０年から２０００年までに出版された約６千冊の児童書のうち、57％が男性主人公、31％が女性主人公の作品でした。こうした性の不均衡は寓話にまで浸透しています。主役となる動物キャラクターの比率はオスが23％なのに対し、メスは７・５％しかいないのです。★65

こんなふうに女性作家が過半数を占める児童・青少年向け小説界において、女性主人公が積

＊1　重複する２％は女性作家と男性作家による共著作品の割合です。

極的に描かれていないとは少し意外です。こういう結果が出るのは、一体なぜなのでしょう？その理由は、世界三大ファンタジー小説の一つ『ゲド戦記』シリーズの著者アーシュラ・K・ル＝グウィンのインタビューを見れば分かります。

ル＝グウィンによると、彼女の代表作である『ゲド戦記』における女性キャラクターは「脇役、もしくは男性に依存的」だといいます。その理由は、彼女が執筆を始めた当時、ファンタジーの中心は男性であって、それを文化的に学習していた彼女自身も女性の魔法使いについて深く掘り下げたり、女性の魔法使いを創造したりすることができなかったからとのことでした。★66

言うなれば、このジャンルにおける既存の構図が男性キャラクター中心に回っていたため、それに逆行するような発想が思い浮かばなかったのに加えて、女性を主人公にしたのではうまく筆が乗らず、のびのびと人物を描くことができそうになかったということです。女性キャラクターを書くために悩み始めたら、それまでファンタジーの既存の構図に従ってスラスラ書けていたストーリーにも望まぬ制約が出てくるということなのでしょう。彼女はまた別のインタビューでより具体的に語っています。

私の作品も初期の頃は、男性中心的な傾向があります。『ゲド戦記』シリーズもそのうちの何作かでは女性が一切登場しないか、脇役としてしか登場しません。それがヒーロー物語を取り巻く環境でした。要するに「男性の物語」だったのです。ジョアンナ・ラスのようなフェミニストも一部にはいましたが、SF文学界も1960年代までは男性優位な環境でした。この分野で執筆する女性たちは、ペンネームを使っていましたしね。私はそのことに大して疑問も抱いていませんでした。それが業界のしきたりなのだと思っていましたし、そういう環境の中でも十分楽しく執筆できていたので。[★67]

構造的性差別が消えたファンタジーの世界

作家たちの中には斬新な突破口を見つけた人もいました。昨今一部のYA小説では、以前とは違い、性差別が女性主人公を抑圧する障害物として登場しなくなっています。著者も読者も、性差別を「陳腐な過去の遺物」のごとく扱って、自分たちの世界から完全に排除しようとしているのです。主人公はもはや性差による影響を受けていません。現実社会に存在する性差別について語るべきという大きな制約から解放されると、あらゆる少女主人公たちが何一つ遜色のないヒーローさながらに行動するようになっていきました。

ところで、「何一つ遜色のないヒーローさながらに行動する」とは、どういうことでしょう？ここで少女主人公に最もフォーカスしたジャンルである「伝記」を思い出してみてください。伝記は実在の人物を基に書かれたものですから小説とは少し違うだろうと思われるかもしれませんが、幼少期に読んだ伝記を思い出せば、それが小説とほとんど同じ形式で書かれていたことに気付くはずです。

例えば、女性偉人の代表例として挙げられるジャンヌ・ダルクやナイチンゲール、マリ・キュリーなどは、実際とは全く異なる描き方をされています。彼女たちは、自身が成し遂げた業績や人間性よりも、「美談」や「善行」などに焦点を当てて描かれているのです。彼女たちを取り巻く性差別的な環境も過小評価されており、まるで彼女たちの成功が性差別自体を終結させたかに見える描き方さえされたのでした。

文芸評論家の斎藤美奈子《さいとうみなこ》は『紅一点論 アニメ・特撮・伝記のヒロイン像』でこうした点を辛辣に批判しています。なぜなら、こうした伝記は対象読者である少女たちに「こうあってほしいと大人が願う人間（女性）像」を注入するための道具として作用するからです。彼女は当該書籍の中で、伝記のヒロインたちは社会がもともと持っている「こうあってほしい女の理想像」「ありうべきヒロイン像」の鋳型に実在する人物たちの人生を押し込む過程で「無意識の『物語化』やパターン操作」がされていると述べています。★68

気付けば恋愛至上主義の世界観に閉じ込められていた

一方、YA小説と同じルーツを持ち、近年絶大な人気を博しているラブファンタジー小説もまた別の問題を抱えています。このジャンルの作家は大部分が女性で、主人公もほとんどが女性です。しかも彼女たちは大抵の場合、同じく主人公の地位にある男性と恋に落ち、作品の最後で結ばれるか、結婚するかしてハッピーエンドを迎えるというのが定番です。

「ラブ」の付かない正統派ファンタジー志向だった『ハリー・ポッター』の女性主人公も最終的にはそれと同じ道をたどりました。ハーマイオニーは非魔法族の出身ながらホグワーツ魔法魔術学校内で最も優秀な成績を収めていました。『ハリー・ポッター』シリーズとともに育った私は、そんなハーマイオニーに自分自身を投影して憧れたものです。少なくとも私にとってのヒーローは、ハリーではなくハーマイオニーでした。

ところが、いざストーリーが進んでいくと、それほどの人気キャラクターでありながらハーマイオニーの物語の軸は「ハリーとロンの、どちらと結ばれるか」に終始していきます。それもそのはず、彼女はシリーズを通して、ロンから熱視線を送られる一方で、イケメンの男性教授ギルデロイ・ロックハートに強い憧れを抱いたり、ビクトール・クラムのようなクィディッチの有名選手と恋人同士になったかと思えば、ハリーとの仲を疑われて責められたりと、常に恋愛絡みの話題が尽きませんでした。私はそんな場面を見るにつけ、ハーマイオニーの物語も、結局は結婚で幕を下ろすらしいと思い興ざめしたものです。

特に「ラブ」を主題としたラブファンタジー小説に至っては、女性が主役の作品であろうとも、大抵の場合は恋愛を謳うことで男性キャラクターがストーリーの中心になっていきます。それにより読者は女性主人公に付くのではなく、むしろメインの男性を推す者とライバル男性を推す者に分かれていくのです。前述したYA小説でもこうした現象はよく見られます。『トワイライトⅡ』では、主人公がヴァンパイアであるエドワードと結ばれることを願うファンと、人狼であるジェイコブと結ばれることを願うファンが激しい論争を繰り広げたことがありました。『ハンガー・ゲーム』シリーズでも、カットニスを巡って対立するピータ・メラークとゲイル・ホーソーンという三角関係が出来上がり、カットニスが二人のうちどちらを選ぶかということに読者の関心が集まりました。こうした状況は表面上、女性主人公に相手を選ぶだけの権力を与えているようにも見えます。一部にはこうした構図は、複数の脇役女性の中でたった一人が男性主人公と結ばれる、いわゆる「ヒロイン争い」のミラーリングであるという解釈もあります。

しかし、性差による力の不均衡が実在する現実社会において、こうしたミラーリングがバランスよく作用することはありません。このような構図は結果的に少女の読者たちを「エドワード派」と「ジェイコブ派」のどちらかに振り分けるだけなのです。読者たちは、少年を主人公とした作品を読む時と同じように、いずれかの男性キャラクターを推すようになっていきます。その際、少女主人公であるベラへの支持は崩壊します。選んだ相手がエドワードであろうとジェイコブであろうと、ベラは間違った選択としたという理由で反対側の男性を推していた派閥から非難される運命にあるのです。

フェミニズムなんてもう必要ない？

皮肉なことに、現実社会に存在する抑圧や制約から目をそらせばそらすほど、性差別的な消費スタイルは拡大していきました。ですから性差別を「すでに解決した問題」と見るのはかなり危険です。今日、そうした発想は「啓蒙された性差別主義（Enlightened Sexism）」および「ポストフェミニズム」という相反する名前で呼ばれ、巧妙かつ狡猾に「フェミニズムはすでに『完結した運動』だから、これからは『すっかり良くなった世の中』を喜んで受け入れればいいのだ」という暗示を少女たちにかけています。[★69]

性差別の存在を無視するという誘惑はとても甘いものです。それも仕方ないことでしょう。性差別について話す行為は、常に危険と隣り合わせなのですから。そのため作家たちは必死になって学んでいるのです。それにしても、どうすればこうした誘惑から脱することができるのでしょう？　アーシュラ・K・ル＝グウィンは自身がフェミニストとしてのアイデンティティに気付いた過程について、複数のインタビューで以下のように語っています。

私が執筆を始めた当初、女性にとって一番手っ取り早い方法は一種の「名誉男性」になること、男性作家のふりをすること、男性中心の物語を書くことでした。（中略）フェミニストたちのおかげで目が覚めた時、私は立ち止まり、改めて言わずにはいられませんでした。「私も女性でしょ？　なのに、どうして男性として書いているの？」と。[★70]

私は作家として、まるで自分を男性だと認識する女性のごとく行動してきました。（中略）

私は小説の執筆に対するアプローチ方法を再考する必要がありました。（中略）ジェンダーの側面から特権や権力、支配力について考えることは重要でした。ＳＦやファンタジーは、これまでそういうことをしていませんでしたけどね。[★71]

１９７７年に「アオサギの眼」を執筆していた時のことです。私は物語が中盤に差し掛かろうというところで、主人公が自分を壊してほしいと訴えていることに気付きました。私は答えました。「ちょっと、そんなの無理に決まってるでしょ。あなたは『ヒーロー』なんだから。私の作品はどこへ行っちゃったの？」と。私はそこで筆を止めました。その作品は女性を描いたものだというのに、私は女性の描き方を知らなかったのです。しばらく行き詰っていた私は、フェミニスト理論からいくつかのガイダンスを見つけました。実際に自分で読んで楽しめるものがフェミニスト文学批評であることに気付いた時、私は興奮しました。（中略）それは私に対して、これからは「名誉男性」のごとく執筆する必要などない、私は女性として執筆すればいいし、そうすることで解放感を得られるようになると教えてくれました。[★72]

私は女性を中心とした物語を書けば、一部の読者を失うことになると気付いていました。どぎつくて、やかましいフェミニストだという批判を受けるだろうことも分かっていました。それでも、そうするだけの価値があったんです。おかげで男性を演じたり、世の中は男性中心に回っていると考えたりしなくなって、初めて自分自身を自らの中心に置くことができるようになりました。だから私は、この選択は執筆においてプラスになったと思っているんです。★73

男性主人公に引けを取らない女性主人公の存在はもちろん、いつだって意味のあるものです。ですが、それと同時にこうしたキャラクターたちがはらむ危険性は警戒すべきものでもあります。彼女たちが持つ超現実性は、現実社会に存在する性差別の隠れ蓑になりかねませんから。幾多の女性ヒーローが実在してきたにもかかわらず、性差別がいまだに身の回りに残っているという事実は決して忘れてはなりません。

第13章　アイドル「パスニ（追っかけ）」、「ファンフィクション（二次創作）」、「ホームマスター（ファンサイトの管理人）」、それぞれの推し活

「かつての少女たち」と「今の少女たち」の交差点、アイドル

２０１８年の秋ごろ、私は10代後半から50代までの幅広い年齢層の女性が集まるブックコンサートに参加しました。「同一作家の同じ作品が好きで集まった」ということ以外には何も共通点がなく、当初よそよそしい空気が流れていた女性たちの間には、そのうちに話の花が咲き始めました。

話題の中心になったのはアイドルです。驚くことにその場にいた私以外の全員が、当時爆発的な人気を誇っていたＭｎｅｔのサバイバルオーディション番組『ＰＲＯＤＵＣＥ１０１　シーズン２』から誕生したグループ、ワナワンのファンだったのです。10代、20代、30代はもちろんのこと、40代や50代の女性たちまでもが、精力的に彼らの「推し活」をしていました。なかにはブックコンサートに来る前に、地下鉄構内の電光掲示板に表示されたメンバーたちの誕生日祝い広告を「聖地巡礼」してきたという人までいたほどです。

１９８０年代以降、少女文化の最大軸になるとともに、21世紀に入ってからも途切れることなくその流れを継承してきた――いや、むしろますますその規模を拡大してきたコンテンツであるアイドル。共通点などちっともなさそうな「かつての少女たち」と「今の少女たち」が同じ目線で熱く語り合い、情報交換できるコンテンツはもうそれほど多くありません。

グルーピーとパスニ

韓国において「アイドル」という概念はいつごろ生まれたのでしょう？　ある人はフランク・シナトラが10代の女学生たちの間で大人気だった１９４０年代だと言い、またある人はデヴィッド・ボウイやミック・ジャガーといったロックスターが本格的にファンダムを形成し始めた１９７０年代だと言います。そうかと思えばＳＭ企画（現ＳＭエンターテインメント）が第１世代のＫ‐ＰＯＰアイドルＨ．Ｏ．Ｔ．をデビューさせた１９９０年代半ばからだという人もいます。それぞれにそれなりの理由があるので、「ズバリ、この時期だ」とは断定しにくいところです。

アイドル文化における「少女ファン」を表す言葉には、ある有名な英単語があります。１９７０年代に登場した単語「グルーピー」です。音楽バンドを表す「グループ」から派生したこの単語は、バックステージでスターを待ち、彼らの楽屋へ行って打ち上げに参加するのはもちろんのこと、彼らと一夜を共にすることさえある女性ファンをさげすむ意味で使われる単語でした。１９７０年代に登場して以降、１９８０年代のヒッピー・パンク文化の中心にいたグルーピーたちは、ロックの人気が徐々に低迷していく中で姿を消していくかに思われました。

ところが２０２０年代に入ると、グルーピーは主に男性消費者が多数を占める分野にいるごく少数の女性消費者を指す言葉として使われるようになります。「女は○○の哲学も分からないくせに、顔がいいってだけで△△に熱を上げている」といった軽蔑の意味を含んだ単語として——。韓国にはそれと同じような意味で「パスニ」という単語がありました。女性ファンが男性アイドルを呼ぶ時に使うことの多い「オッパ」（女性が自分より年上の男性に対して使う「お兄さん」という意味の言葉。身内だけでなく親近感を持っている相手に対しても使う）という敬称と、女性を表す接尾辞「〜スニ」（日本語で言うところの「〜子」や「〜美」のように女性の名前を連想させる接尾辞）を合わせたこの造語も、なかなか歴史の古い言葉です。

「パスニ」に対する軽蔑は、彼女たちが応援している芸能人らの能力に対する侮蔑にもつながりました。「あいつは実力もないくせに、ちょっと顔がいいからってファンが多い」といった具合に、対象となる芸能人の評価が落とされるのです。それゆえ、「パスニ」という蔑称で呼ばれた少女ファンたちは、大衆文化を享有するどころか大衆を代表することもできない存在とされてきました。彼女たちの審美眼や評価能力は、何の価値もない単なる欲目だと見下されてきたのです。１９９０年代の中盤以降、元祖Ｋ‐ＰＯＰアイドルのＨ.Ｏ.Ｔ.やジェクスキスの人気が高まる中で生まれたこの風潮は、ごく最近まで脈々と続いていました。

アイドルを題材にした二次創作物「ファンフィクション」

それでもファン文化を構成する少女たちは、そうした嫌悪と嘲笑にも屈することなく自分たちだけの世界をこつこつと築き上げていきます。韓国社会の家父長的な雰囲気に捕らわれていた少女たちは、ファン文化の中で初めて主体になることができました。それも「アイドルという『材料』をそれぞれが持つあらゆる欲求に応じて料理し、自分たちのものにしていき」ながら[★74]――。そうして生み出された代表的な産物が、アイドルグループのメンバーを題材にして新たなストーリーを描く二次創作物「ファンフィクション」です。

ファンフィクションという単語は、アメリカで１９６６年に放送を開始した有名なＳＦドラマ『スタートレック』に由来します。最初のファンフィクションは『スタートレック』の主人公を対象としたものでした。韓国では１９９０年代にＨ．Ｏ．Ｔ．のファンフィクション『ＳＡＤＤＹ』や『俠客記』が人気を博し、登場人物の名前を変えて正式に出版もされています。前者と後者に違いがあるとすれば、前者は創作物に登場する仮想の人物を、後者は実在する人物を対象にしているということ。

それにしても、どうして前者と後者を同じカテゴリに入れることができるのでしょう？　それはエンターテイメント業界が、アイドルという存在を幻想の中の人物、つまり「仮想の存在」として見せているからです。ファンフィクションの中のアイドルは、実在のアイドルと関係なく動きます。まるで当該アイドルの皮とキャラクター性をかぶった舞台俳優さながらに――。

文化評論家のムンガン・ヒョンジュンは、「偶像の夕暮れ：韓国社会においてアイドルはどのように消費されるか」の中で、「アイドルグループと10代の青少年が置かれた現実を比較した場合、アイドルグループの仕事は、無を有にすること」だと説明しています。このようにアイドルは10代の青少年たちに、彼女たちが享受したくても享受できない青春のイメージを具現化して見せているのです。青少年たちの目に映るアイドルは「はつらつとして、軽やかで、常に笑顔で、成功のために努力する、ポジティブで夢を持った」存在です。[75]

抑圧的な学校生活から解放され、有名セレブたちと親交を持ち、世界中のファンの憧れの的となって、高価なブランド品を何ということもなさそうに身にまとう。最近では「独自の世界観」まで付与されて、ファンタジックなバーチャル世界でヒーローとして輝かしい活躍を見せることさえある。10代の青少年なら誰もが持っている「特別な存在になりたい」という幻想、その幻想を具現化した存在こそがアイドルなのです。

これは韓国社会に深く根付いた「高校で一生懸命勉強をして、先生の言うことをきちんと守っていれば、いい大学、いい会社に入って成功できる」といった思考とも密接に関わっています。「懸命に努力すれば必ず報われる」という感動的なストーリーを、アイドルたちは身をもって体現してくれるのですから。少女たちは、だからこそアイドルを自分が目指すべき「ロールモデル」であると同時に、希望のない日常から逃げるための「脱出口」として消費するのです。[76]

こうした少女ファンたちは、ファンクラブやインターネット上のファンコミュニティのほか、二次創作者（いわゆる「ネームド」（ファンアートやファンにとって有益な情報を挙げるなどの活動を通して、ファンの中で知名度の高いファン）や「ホームページマスター」（ファンサイトの管理人））の下に集まって巨大なコミュニティを形成してきました。少女たちには、こうしてある一つのテーマについて自由に意見を言い合える文化共同体に属する機会はそう多くありません。それゆえ「ファン」という文化的アイデンティティから来る同質感や所属感は、少女たちの同年代文化に大きな影響を与えるようになったのです。

険しい「ドルオタ界」で「女オタ」として生きる

実を言うと、私は女性アイドルグループ好きの少女でした。そのためファンコミュニティの中でも、みんなの輪に入ることはできませんでした。当時は大抵の人たちが「女性アイドルを好む少女」を理解できなかったのです。一部の人たちにとってアイドルは、当然のごとく「性愛の対象」になりますから、私が女性アイドルが好きだと話すと「レズビアンなの？」といったホモフォビック（同性愛嫌悪のこと）的な質問をされるのが常でした。

それに加えて男性アイドルグループの少女ファンたちによる、女性グループへの女性嫌悪にも悩まされました。彼女たちの「女性グループが嫌いな理由」はさまざまでしたが、そのほとんどは恋愛スキャンダルに端を発したものでした。小学生の頃、上級生たちが教室に訪ねてきたことがありました。彼女たちは、たまたまそばにいた私に対して、このクラスにＢａｂｙＶ.Ｏ.

Xの写真を持っている子はいるかと聞きました。私は特に何も考えず、BabyV.O.Xのファンだった友達を呼びました。すると、しばらく上級生たちと話をして、ぐったりしながら戻ってきたその子がこう言ったのです。「ちょっと、あんた、何考えてるの?」

当時の韓国芸能界にはH.O.T.のメンバーとBabyV.O.Xのメンバーの熱愛説が流れていました。前述した上級生たちは、BabyV.O.Xのメンバーに対してH.O.T.のメンバーと付き合うなという脅迫状――ニュースでよく見た、目の部分をくり抜いた顔写真やカミソリの刃といったもの――を送ろうとしていたのです。とはいえ、そのためにわざわざお金を出して相手の写真を買うのは癪です。そこで彼女たちは、自分たちに逆らえない下級生、それもBabyV.O.Xのファンから写真を奪おうとしたのでした。幸い私の友達は、写真は持っていないと嘘をついて、そのピンチを切り抜けたといいます。こんなふうに女性アイドル好きの少女たちは、その属性ゆえ不当に扱われてきただけでなく、場合によっては積極的に自分たちの存在を隠す必要に迫られていたのでした。

そこからいつしか時は流れ2020年代に入った今、女性アイドル好きの女性ファンはフェミニズムと出合う中で、自分たちの文化的アイデンティティや所属集団について悩み始めています。2019年に出版された小説『ラスト・ラブ』(未邦訳)は、「ゼロカラット」という女性アイドルグループの物語と、女性と思われるファンフィクション作家「ファインカラット」が書いたファンフィクションが絡み合う、少し独特なスタイルの作品でした。「女オタ」というテーマにおいては代表的な作品といえるでしょう。本作の著者であるチョ・ウリは、フェミニストジャーナル『イルダ』のインタビューで、こんな複雑な胸の内を明かしました。

> 出版後、複数のインタビューで話してきたように、私は「女オタ」だ。女性アイドルグループS.E.S.のファンであり、f(x)のファンでもある。それ以外にもK-POPのすべての女性アイドルが好きで応援している。彼女たちの魅力にため息をつき、彼女たちが発信するコンテンツを楽しめることにも感謝している。だが一方で、トーク番組に出演した女性ゲストに対して「ぶりっ子ポーズ」を強要する男性司会者の姿や、子ども服さながらに丈の短いワンピースを着て踊る女性出演者を下から見上げるように映すカメラ、未成年の女性に対して一発芸と称して「セクシーダンス」の披露を要求することに少しも問題意識を持つことなく、それらを繰り返しているエンターテイメント産業のショービジネスに自分も加担しているのではないかという罪悪感を拭えずにいる。[★77]

ぶっちゃけ、K-POPを育てたのはウチらだし

K-POP産業の成長に伴って、アイドルは少女文化の中ですっかり地位を確立したように見えます。絶えず目標に向かってひた走るよう求められている少女たちは、若くして夢をかなえた（かに見える）アイドルに憧れ、現実離れしたファンタジーの中の存在のごとき彼らを見る

ことで、一時的に日常を忘れてきたのでした。彼女たちはそれと同時に、自分たちの文化を見下す社会に抗い、金銭的な消費やさまざまな創作活動などを通して自らの存在を証明するための努力も重ねてきました。

ところで、ここで確立されたのは少女文化におけるアイドルの地位だけでしょうか？　私は少女文化自体も世界的な文化として地位を確立したと述べたいと思います。K－POPのファン文化は、サブカルチャーが比較的短期間のうちに勢力を拡大し、主流の文化としての地位を確立した珍しい例といえます。新世紀に入ってからはBTSをはじめとした、さまざまなアイドルたちが世界的なヒットを飛ばし、内部の教化と外部に対する包容を繰り返しながら「多様性」を論じられる文化的な場にまで発展しました。その際、その中心には常に少女ファンたちがいました。この世界的な現象における少女たちの業績を過小評価することは、あまりにも不当なことのように思えます。

これからもK－POPアイドルは、さまざまな方法で発展していくでしょう。しかし、今や世界的なスターになった数々のアイドルグループをけん引してきたのが、彼らを常に支えて推してきた多くの少女たちだったということも、K－POPと併せて記憶に留めておいてほしいと思うのです。

第14章　白状します、女性アイドルを見るたびに申し訳なくなる理由を

「あなたみたいに痩せたい」

子どもの頃から病弱だった私は、メディアに出てくる元気ではつらつとした女性たちに憧れを抱いていました。その主たる対象となっていたのはスポーツ選手たちです。そんな私は日本留学中のある日、偶然つけていたテレビの中で、とあるアイドルを目にしました。運動神経が抜群に良かった彼女は、誰よりもたくましく生き生きとして見えました。私はその姿に心を奪われ、生まれて初めて誰かの「ファン」というものになりました。日本ではアイドルとファンの距離が韓国よりも近かったので、私は程なくして難なく彼女たちのサイン会などに参加できるようになりました。

当時、日本の若い女性たちの間では韓流ブームが起きていました。そのおかげで、そのアイドルは私の存在をとても歓迎してくれました。そうやって会う回数が増えていくと、私は彼女からこんな質問を受けるようになりました。「韓国のどのブランドの服を買ってるんですか？」

「どんな化粧品を使ってます？」「韓国の女性って、どうしてみんな、そんなに細いの？」
ある日、そのメンバーは言いました。自分もダイエットを成功させて、あなたみたいに痩せたい、と。その言葉を聞いてから、私は彼女に会いに行くことができなくなりました。私が好きだったアイドルは、私と同じくらいの身長で、プロフィール上の体重は40kg台後半でした。そして当時の私の体重は40kgを切っていました。

太ったって痩せてる

女性アイドルたちがデビューを前に極端なダイエットをすることは、すでに広く知られた話です。「スリムな体」が女性アイドルになるための必須条件だという事実を知らない人はいません。

芸能事務所では積極的に児童・青少年の練習生たちの食事を制限しています。目標は、ひとえに体重を落とすこと。解散したGFRIENDのメンバー、ウナとオムジは1年間、白米を食べることを禁止されていました。TWICEのモモは1週間以内に7kg落とさなければステージに立たせないと言われ、水さえ飲まずに減量したといいます。現在、歌手活動を休止しているメイダニは、中学3年生の時に事務所から38kgまで体重を落とすよう強要された経験があると言っていました。[★78]

彼女たちの話は特殊なケースなのでしょうか？　もう少し調べてみましょう。オーマイガールのメンバーだったジニは、拒食症による低体温症や生理不順、むくみのほか、低血圧に悩まされ、2017年にはとうとうグループを脱退して芸能界を引退しました。レディースコードのソジョンも2013年にバラエティー番組『話神――心を支配する者』で、38kgまで体重を落とし、拒食症と生理不順になったと話しています。Dal★Shabetのセリは、自身のユーチューブチャンネルでダイエットのために薬まで服用したせいで、何もしていないのに冷や汗が出るといった症状を抱えていたと明かしました。KARAのハン・スンヨンも、アイドル時代は1日に指半本分程度のチョコバー1本で耐えしのぎ、1週間でライスペーパー10枚程度の炭水化物しか取っていないにもかかわらず、周囲からは口をそろえて「きれいだ」とたたえられることに疑問を抱いていたと語りました[★79]。

これは韓国だけで起きていることではありません。2000年代の初頭から中盤にかけて全盛期を謳歌した日本のアイドルグループ、モーニング娘。の元メンバー尾形春水《おがたはるな》は、自身のユーチューブチャンネルでアイドル時代の体重が35kgだったことを公表しました。「痩せたらかわいい」「痩せたら推してもらえる」「痩せたらMV映れる」という思考にとらわれ、1回の食事で紙コップ1杯分しか取らないといった極端な食事制限をしていたそうです。彼女はそのせいで1年以上生理が止まったり、25kgものリバウンドを経験したりと、大きく体を壊したとのことでした。

彼女たちは、どうしてそこまでしたのでしょう？　2016年にKBS2で放送された『本分金メダル』は、本人たちに内緒で仕込んだ体重計を使い、女性アイドルたちの実際の体重を測定してプロフィール上の体重と比較するという愚行を犯しました。芸能人たちが自分の「本分」をどれだけ全うしているか調べるという名目で、女性アイドルのみを対象にこんなばかげた企画を放送したのです。このパイロット番組は、多くの抗議を受けてレギュラー化を断念するに至りましたが、『チンチャサナイ』（番組名は「男の中の男」という意味で、芸能人が過酷な軍人生活を体験する番組）や『週刊K-POPアイドル』といった別番組では、その後も執拗に女性アイドルの体重ばかりを測定し、番組内で公表しました。その内容は当然ながらインターネットニュースにも載ることになります。こうした「体重論争」においては、大衆の反応もメディアと大して変わりませんでした。

女性K-POPグループとして史上初のミリオンヒットを記録したほか、同じく女性グループの中で当時の初動売上枚数および販売総数歴代1位という大記録を打ち立てたBLACKPINKの1stフルアルバム『THE ALBUM』の中には、次のような歌詞を含む楽曲が収録されています。

Born skinny, bitch 太ったって痩せてる

——BLACKPINK「Pretty Savage」より

だからこそ、ますます現状が皮肉に思えます。少女ファンたちは推しの健康を憂慮して、彼

女たちにダイエットをやめるよう言います。しかし、その一方で彼女たちが太ればファンをやめますし、ダイエットに成功すれば再びファンとして戻ってきて、SNSなどでそのダイエット法を共有するのです。太ったという中傷コメントを受けて、1日に摂取するのは炭酸水2本だけという極端なダイエットを強行したググダンのミナは、VLIVEで当時の苦痛を吐露しました。するとそれに対して、あるファンが「だけど、やっぱり痩せてるほうがいいと思う」と言ったのです。我慢の限界に達したミナは「それなら、あなたはずっと痩せてなさいよ」と言い放ちました。ラブリーズのメンバー、リュ・スジョンもリアルバラエティー番組『アイドルドラマ工作団』の予告映像で「ファンは、『ちゃんと食べなきゃ、かわいくない』とか、『健康が大事』と言ってくれるけど（中略）ちょっと太っただけで批判してくる人は、たくさんいますからね」と言っています。

メディアが「痩せた体」をアイドル――なかでも特に女性アイドルの「本分」だと吹聴すれば、ファンたちは彼女たちの痩せた体をもてはやし、思い切り羨むことでその傾向に拍車をかけます。それが10代を中心とした多くの女性たちによる、「チョウチョの薬」に代表されるような向精神性の食欲抑制剤の誤乱用にもつながっているのです。2021年10月23日に放送された『それが知りたい』#1281は、「チョウチョの薬と激痩せ志願者」というタイトルでこの話題について取り上げました。番組内の説明によると、「チョウチョの薬」は基本的に麻薬として扱われるヒロポンに似た成分を含んでおり、長期間にわたって服用すると幻覚や幻聴、抑うつ症状といった恐ろしい副作用をもたらすといいます。なぜそんなクスリを飲むのかという問いに、15〜17歳前後の少女たちはこのように答えました。

・アイドルとかって、みんな普通に細いじゃないですか。「このアイドルは昔ちょっと太ってたけど、今は何kg痩せてきれいになった」とか書いてあるし。痩せてる芸能人のファンカム（特定のメンバーだけを映した動画のこと。韓国ではコンサートなどでも個人の動画撮影を許可している場合が多いため、インターネット上には推しだけに焦点を当てて撮られたファンカムがあふれている）なんかもよく見るんですけど、そうすると「あー、こうやって痩せてるからきれいなんだな」とか、「だからキラキラしてるんだな」とか思うんですよね。

・メディアには細い人ばっかり出てるじゃないですか。

彼女たちはさらに「食欲がなくなるなら、うつになってもかまわない」「副作用くらい何ということもない。痩せられるなら何でもいい」とまで言っています。あげくの果てには「プロアナ」[*1]という単語まで作って、自分たちの摂食障害を擁護し、あえてそれを選んでいるとまで主張していました。

一体どうして、こんなことが起きるのでしょう？　結論から言うと、そうなってしまう原因は、「少女像」を作る主体が少女自身ではないことにあります。

苛酷なトレーニングの先には「人間グッチ」「人間シャネル」

2020年にネットフリックスで制作・公開されたドキュメンタリー『BLACKPINK～ライトアップ・ザ・スカイ～』には「新記録メーカー」と呼ばれるBLACKPINKのメンバーたちが練習生時代を回顧するシーンが登場します。彼女たちの話によると、当時は1日14時間のトレーニングを13日間連続で受け、毎月評価を受けるという生活が繰り返されていたそうです。また、その際に付けられた点数は全員に公開され、基準に満たないメンバーは事務所を出なければならなかったといいます。このように、K-POPアイドル練習生のトレーニングは、つらく過酷なことで有名です。

メンバーたちは当時を振り返りながら語ります。毎月仲の良かった友人たちが荷物をまとめて出ていくのを見送り、多くのことを禁止され、何をするにも「すみませんでした」という言葉ばかりが口を突く環境だったと。面と向かってこの仕事をするだけの能力がないと言われながらも気持ちを強く持たねばならず、過酷すぎてあまり楽しくなかったとも言っていました。幼い少女たちが集まって、先の見えない日々をずっと続けている感覚だったそうです。

興味深いことに、こうしたスター発掘システムは1950～1960年代にハリウッドで始まり、1990年代になって韓国に導入されました。今日のK-POPアイドルのトレーニン

＊1　賛成を意味する接頭語「Pro」と、拒食症を意味する「Anorexia」の合成語であり、摂食障害を精神疾患ではなく、個人のライフスタイルだと主張する社会運動のこと。

グシステムは、才能が垣間見える新人俳優を早いうちから囲ってきた映画会社の専属契約システムや、韓国企業的な管理システムと投資の構造に、日本式の文化産業の構造が相まって完成しています。そして、そのシステムが今日のK‐POPの劇的な成長をかなえたのでした。アイドルグループが「マネジメント会社によって産業的に設計・製造された歌手やバンド」になることで、韓国の音楽産業は大きく変化したのです。[★80]

昨今の韓国アイドルは、芸能事務所による画一的なシステムによって開発・管理されています。正式デビューするまでの数年間、練習生たちはダンスや歌に加えてステージでの立ち振る舞いや演技はもちろんのこと、外国語に至るまで、あらゆる訓練を受けながら苦しい準備期間を過ごします。当然ながら、そこには前述したようなダイエットも含まれます。こうして戦略的・体系的に選別・開発・展示される過程で、アイドルグループの少女たちは人間ではなく一つの文化コンテンツに作り替えられていきます。言うなれば、彼女たちは一種の「エンタメグッズ」となって経済的な価値を創出しているのです。少し乱暴な表現ではありますが、多くのアイドルが「人間グッチ」や「人間シャネル」といったブランドそのものとして消費されることを思えば、あながち間違った表現とも言えないのではないでしょうか。

アイドル産業は自分たちが企画した女性アイドルたちに「正しい少女としてのアイデンティティを代表する文化アイコン」の地位を与えます。彼女たちは、その座につくことで韓国文化の影響下にある、すべての少女たちにとっての「メディアの中のシンボル」になるのです。

「国民的アイドル」の人生で間違い探し

ところで、女性アイドルたちが具現化している、この「少女像」とは一体何なのでしょう？その正体を明らかにしてくれる二人の「国民的アイドル」の事例がここにあります。

モーニング娘。の4期メンバーとしてデビューした加護亜依《かごあい》は、他に類を見ないかわいらしさと天真らんまんな性格でお茶の間に愛されました。当時まだ12歳だった彼女は、メディアで「スーパー中学生」などと呼ばれ、「太っていた時でさえ愛された前代未聞のアイドル」と言われることさえあるほどです。そんな彼女はデビューから20年たった現在、当時とは全く異なる人生を歩んでいます。

彼女が18歳になった年、写真週刊誌『フライデー』が一枚の写真を公開しました。日本中を揺るがせたこの写真は、未成年者というだけでなく「幼い少女」のイメージで人気を博していた加護がファミリーレストランでタバコを吸う姿を写していました。この事件によって彼女は謹慎処分を受け、所属していたユニット「W（ダブルユー）」も事実上解散という結末を迎えています。その後も彼女は、ある男性と旅行中に再び喫煙写真を撮られ、ついには所属事務所から契約解除を言い渡されるに至りました。

海の向こうのアメリカにも、彼女のような存在がいました。ポップスター、ブリトニー・スピアーズです。１９９８年に「ベイビー・ワン・モア・タイム」でデビューした彼女は、愛らしく純粋な少女のイメージと、下着姿のセクシーな女性のイメージを併せ持ち、大衆から愛されました。当時、メディアからは「矛盾の塊」や「逆説的」として批判されることもありましたが、それは彼女のスタイリストで『Teen People』のファッションディレクターだったヘイリー・ヒルが『Framing Britney Spears』で語っているとおり、「女性が求められている役割に対する比喩」でもあったのです。

アメリカ社会はそんなブリトニーを2005年ごろから少しずつおかしな方法で消費するようになっていきます。彼女の一挙手一投足が連日ゴシップ誌に掲載され、彼女は行く先々でパパラッチに追い回されるようになりました。ブリトニーのスクープ写真は1枚あたり100万ドルで売れることさえあったといいます。あまりにも多くの人たちが、かわいくて才能のある著名な少女の苦痛を踏み台にして大金を得ていたのでした。ブリトニーの話題は、2008年初頭までゴシップ誌やTVショーの主要トピックでした。

その後、ブリトニーは再起に成功していますが、13年間にもわたって彼女自身および彼女の財産管理の後見人を務めていた父親のジェイミー・スピアーズによって、あらゆることをコントロールされていました。彼女が壮絶な法廷闘争の末に本当の意味で自分の人生を取り戻すのは、2021年11月になってからです。

こうした事例は、「少女アイドル」の人生が本質的に大差ないことを教えてくれます。活動地域がどこであろうと何も変わらないのです。ブリトニー・スピアーズや加護亜依と同様に、アイドルとして存在しようとする少女にとって、人生が二分することは避けられない状況になりました。

例えるならこういうことです。あるアイドルは成人してもなお恋愛や喫煙がご法度なのに対し、また別のアイドルは未成年にして「セクシーアイコン」にされるとか。テレビの収録中は誰よりもおいしそうに、もりもり食べなければならない一方で、人目に付かないところではアイドルでい続けるため、「痩せるため」に断食せざるを得ないとか。そうなってしまうのは、彼女たち自身が商品となって満足させるべき市場が、成熟した10代と未熟な20代に興味を持ち、日頃は「女性アイドルは痩せているべき」という公然の指標に気付かぬふりをしながら、いざ誰かが拒食症で倒れたり、それに準ずる苦痛を口にしたりすると、そこで初めてしらじらしく驚いて憤りを示すといった、ダブルスタンダードがまかり通る世界だからです。

女の子はなんだってできる！（ただし、若くて細ければ）

それゆえ少女アイドルが作り出す少女像は、常に矛盾していて、不透明で、二律背反的です。問題は前述したとおり、こうして作られた少女像が、社会の求める少女の「指標」かつ「最も望ましい少女のシンボル」になってしまうということです。

ですが、少女アイドルが指標とされるようになったのは、アイドル文化に盲目的に追従する分別のない少女ファンたちのせいでしょうか？　いいえ、違います。なぜなら少女たちはメディアにおける発信力をほとんど持っていませんから。少女たちはそれゆえ他人が作り出した少女文化と妥協して、その中で自分の居場所を見つけながら消費を続けてきたのです。そうでもしなければ、ごく限られた僅かな主体性さえ得られないからでした。加えて、少女たちは自分たちが属する集団のアイデンティティを代弁すべき時でさえ、以下のような過程を踏んで「ポジティブな面」を「絞り出さなければ」ならない立場に置かれてきました。

女性アイドルは、現代社会を生きる少女たちに与えられた唯一無二の「実写版少女像」と言っても過言ではありません。アイドルは、少女たちの文化的・少女的アイデンティティが目指すべき一種のお手本として、そうした少女像を露骨に「提供」します。もちろん、女性アイドルたちの派生商品である楽曲やコンセプトの中には、時にポジティブなメッセージを伝えるものもあるでしょう。例えば「Girls can do anything!」といったものです。とはいえ、そうしたポジティブなメッセージも、前述したような矛盾とセットで販売されたのでは、消費者はポジティブなメッセージと共に「細さ」や「若さ」といった美しさに対するプロパガンダまで自然と受容させられてしまいます。一部分だけを切り離して購入する機会など、はなからありません。結果的に女性アイドルたちは、いとも簡単に女性たち――特に幼い少女たちの憧れの的になっていき、少女ファンのほうも、この文化を「お互いにとってプラスになるものだ」と主張するようになっていくのです。

女性アイドルが見せる少女像は最終的に少女文化を掌握し、少女たちの上に権力として君臨するようになっていきます。さらにそうして出来た少女像は、少女たちに互いを見習わせるほか、身をもってそれを実践・体得させるように仕向けていきます。だから、ダイエットをやめるよう勧める一方で痩せるよう追い込んでいくといった矛盾が生まれるのです。

では私たちは、そして少女たちは、どうすればこんなふうに深く体に刻まれた罠から抜け出すことができるのでしょう?

女性アイドルグループf(x)のメンバーであるエンバは2017年10月17日、自身のユーチューブチャンネルに「私の胸はどこ行った?(WHERE IS MY CHEST?)」というタイトルの動画を上げました。「うそでしょ、エンバ! 胸がないじゃん」という中傷コメントに端を発したこの動画は「男が、どうして女性アイドルグループの中にいるの?」や「どうして、そんなに胸がぺちゃんこなの?」「タトゥーのある女は失せろ」といったコメントにユーモアを持って答えるエンバの姿を収めています。彼女は、作られた少女像に捉われた悪質コメントに対して、彼女らしく笑いを交えて応えたのです。

800万回以上再生されたこの動画に、私たちは希望を見いだすことができるかもしれません。少女たちはすでに、自分たちの指標を自ら作り出すべく努力しているのです。

第15章　少女は幻想を満たす存在ではなく、人間です！

ＡＫＢ48のファン層

２０００年代後半から２０１０年代の中盤にかけて、劇場公演や握手会などを通し「会いに行けるアイドル」というコンセプトで巨大なファンダムを築き上げたＡＫＢ48は、日本において「国民的アイドル」という称号をつかみました。レコード大賞の受賞や、11年連続での紅白歌合戦出場はもちろんのこと、ＣＤを発売すれば、そのどれもがミリオンヒットを記録し、２０１５年にはついに男性アイドルグループＳＭＡＰが保持していたアイドルの歴代最多ＣＤセールス記録まで更新しています。

そのためでしょうか。ＡＫＢ48は２０１０年に登場した「プリティー」シリーズや「アイカツ！」シリーズといった複数の子ども向けアイドルコンテンツのひな型になりました。代表的な例として挙げられる、アーケードゲームやトレーディングカード、アニメから成るメディアミックスの「アイカツ！」シリーズは、現実のＡＫＢ48と大差ないほどリアルです。

ところが、驚くべきことにＡＫＢ48グループの主なファン層は中高年男性――いわゆる「おじさん」たちです。他の追随を許さぬほどの活躍を見せていたＡＫＢ48の大衆的人気は、か弱く、意のままに操れそうな女性像を基にしていたのです。そして、ＡＫＢ48のような日本の女性アイドルを忠実に模して作られた「アイカツ！」は、低年齢の女児をターゲットにしているにもかかわらず、そうしたイメージをそのまま流用していました。

例えば、アーケードゲームの画面上でゲーマー、つまり幼い少女の視点を代弁するカメラのアングルは、実際のステージと同様に、スカートを見上げるアングル、いわゆるアップスカーティングになっています。児童をターゲットとした、児童の視点を体現するコンテンツでありながら、まだ10代にも満たない女の子たちが中高年男性の視点でゲームをプレイするなんて、言語道断もいいところではないでしょうか。

「幼い女児」と「小さな女性」の間

アイドル文化が主流文化の地位を確立していく中で、最近の子どもたちは小学校に入る前から自然とＫ－ＰＯＰに触れるようになりました。アイドルになりきって歌ったり踊ったり、ファッションをマネしたりもしています。女性アイドルグループのデビュー年齢はだんだん低くなっていますから、幼いうちからアイドルを夢みる少女が増えるのは当然なのかもしれません。ですが、そうして幼い少女たちが代弁する「少女」は、「アイカツ！」の中の少女たちと同様、ありのままの自分自身を表すものではありません。

アイドルが誕生するはるか昔から、「少女観」というものは男児を中心とした通念的な「児童観」とは少し異なっていました。これは少女が三つの異なる言葉で表されることからも視覚的に説明することができます。1800年代後半から1920年代末にかけて、日本では「少女」を表す際に、感受性や純粋さを強調した「乙女」という言葉が広く使われていました。その後は、「処女」や「少女」という表現が一般化しています。要するに、「少女」という単語には「幼い女性」という中立的な意味以前に、感受性や純粋さに加えて、純潔や処女性、もろさへの暗示が含まれていたのです。★81

草創期のアイドル文化を作った人々は、女性アイドルグループのイメージを構築する過程で、この慣習的で型どおりな少女像をメインイメージとして採用しました。楽曲のテーマや、衣装、ダンスに至るまで、メンバーたちの実年齢と密接にリンクさせたのです。それにより、彼女たちは実年齢が少女期から外れた瞬間、それまでのイメージを失って事実上の解散に追い込まれるか、少女的なイメージからの脱却を図って無理やりセクシー路線に切り替えさせられては失敗してきたのでした。

「叔父さんファン」の文化的退行

2007年にSMエンターテイメントが「少女時代」をデビューさせた時、多くの人たちが心配したのはこの点です。デビュー当初はメンバーたちが若かったので、その名のとおり「少女らしさ」を前面に出すことができました。ですが、近い将来メンバー全員が成人してしまえば、彼女たちはもはや画面越しの「幼い少女」としての機能を果たせなくなるだろうと思われたのです。

しかし、少女時代はこのピンチを克服しました。ＳＭエンターテイメントが目ざとく捕らえたターゲットは30〜40代の男性たちです。韓国を含め、ほとんどすべての社会と文化圏に属する男性たちが持つ「白馬の騎士（Knight in Shining Armor）」願望を満たすことで、彼らに財布のひもを緩めさせたのでした。西洋文化圏に根づく白馬の騎士のイメージは、韓国において「頼りになるお兄さん」ひいては「叔父さん」に置き換えられます。ＳＭエンターテイメントは、この「お兄さん」と「叔父さん」たちがいつまでも少女時代を「少女」として見られるように「純粋さ」を前面に打ち出すかたわら、彼らのことを「夢も情熱もすべてあげたい」と思えるくらい「骨の髄までカッコいい」とたたえながら、彼らの欲求をうまく刺激しつつ忠実に満たそうとしました。その結果、２０１０年2月に発表した「ＧＥＮＩＥ」を皮切りに、「Ｏｈ！」「ＴｈｅＢｏｙｓ」「Ｍｒ・Ｍｒ」「I Got a Boy」に至るまで、少女時代の代表曲はすべて男性を応援するような歌詞になっています。

そうよ　私はあなたを愛してる

いつでも信じてる
夢も情熱もすべてあげたい
私はあなたの願いをかなえたい幸運の女神
——少女時代「GENIE」

My boy Bring the boys out
Girls' generation make you feel the heat
世界中があなたに注目してる
Bring the boys out
威風堂々なんてもんじゃないわ
あなたは、もともと骨の髄までカッコいい
——少女時代「The Boys」

２００８年には「叔父さんファン」たちの存在価値を過大評価する風潮さえ生まれました。社会学者のキム・ソンユンは、２０１１年に「『叔父さんファン』の誕生：30代男性ファンたちの可能性と不可能性について」という論文で、「少女たちに呼応する叔父さんファンがいなければ、現在のような市場形成は不可能だったはずだ」とし、異性愛的な関係というよりも「家族的」な関係を生み出す「叔父さん」という呼称を通して、最も安全な形でファンとアイドルの関係が結ばれたと説明しています。また、それによって「叔父さんファン」と呼ばれる30～40代の男性たちは、脱権威的な男性性と自分たちを同一視し、社会志向的な意識を高めたとさえ述べました。[★82]

キム・ソンユンは当該論文において、叔父さんファンたちは幼児退行などしていないと言っていますが、女性アイドルを育成する多くの芸能事務所はその傾向を確かに察知していました。IUの「Good Day」に出てくる「ナヌンヨ オッパガ チョウンゴル」（「私ね、オッパが好きなんだもん」という意味）という歌詞に熱狂した叔父さんファンたちのために作られた曲「Uncle」の歌詞には、それが如実に表れています。

おちゃらけた表情に膝の出たジャージ
いつになったら大人になるのやらとも思うけど
今のあなたが好き
子どもっぽい叔父さん かわいい叔父さん
叔父さん 最高！
——IU「Uncle」

純粋でか弱く、しかし「性的」

問題は、自立していて主体的な女性や知的な女性、たくましくて強い女性はこうした幻想に馴染まないという点です。消費者である男性たちの幻想を満たす存在は、純粋でか弱く、依存的であると同時に「性的な部分」も持っていなければなりません。見るからに実現が困難と思われるこうした欲求を、女性アイドルたちは黙々と必死で具現化しています。それに反することは決して許されません。

2013年9月、MBCのバラエティー番組『ラジオスター』に出演したKARAのカン・ジヨンは、ぶりっ子ポーズをしろというMCたちの執拗な要求に戸惑い拒否した末に涙を流しました。すると翌日、あらゆるメディアがそんな彼女の行動を取り上げました。当時のネットの反応は「そういう番組だと分かった上で出たのでは？」「ぶりっ子ポーズをするのが嫌で泣くくらいなら、どうして出演したんだ？」というものでした。この件は番組スタッフや出演者らの謝罪によって一時収束したかに見えましたが、その後も同番組は「カン・ジヨンへのぶりっ子ポーズ献上コーナー」を作るなどして、長きにわたり彼女をひやかしました。カン・ジヨンを泣かせた張本人であるキム・グラに至っては、いちいちこの件を蒸し返し、「ぶりっ子ポーズができないなら泣いたほうがいいよな。ジヨンはテレビってものをよく分かってる！」などと言い放っています。

そうかと思えば、2010年にシングル「Change」でソロデビューしたヒョナは、17

歳にして18禁認定を受けたミュージックビデオの主人公になってしまいました。彼女はMVの中でホットパンツをはき、骨盤を強調するように踊っています。こうした煽情性によって当該MVは視聴者の年齢を制限されたわけですが、そこに出演する本人の年齢は制限されませんでした。そのため、出演者本人が自分の出演するMVを見られないという皮肉な状況が生まれたのです。彼女はその後も「覇王色《ペワンセク》」（この世を征服するほどの色気という意味）という異名を持ったまま少女期を終えていますが、そのことを問題視する人はほとんどいませんでした。なぜならヒョナは少女である前に「覇王色を持つ女性アイドル」であり、年齢に関係なく性的な役割を果たす必要があったからです。

このように女性アイドルは、成人してもなお幼児のようであることを求められると同時に、まだ児童のうちから「セクシーコンセプト」を消化させられています。女性学者チョン・ヒジンが『フェミニズムの挑戦』で指摘したように、社会は女性に対して「達成不可能な、相反するメッセージ」を送っているのです。２０００年代初頭から中盤にかけて韓国で流行した「ベーグル（「ベビーフェイスなのにグラマラス」の略）」という言葉を思い出してみてください。現在の女性像というのは、このように「いいとこ取り」をした矛盾をはらんでいます。女性たちは、こうした矛盾の中で「平凡な人間」ではない、「不可能な目標を掲げる存在」に作り替えられているのです。

受動的な被害者なのか、能動的な発信者なのか

悲しいかな「実現不可能な存在」の代表ともいえる女性アイドルは、現代の女性像を反映・構成する上で核心的な役割を果たしています。

ぱっちりメイクをした女性アイドルがミニスカートをはき、妖艶なパフォーマンスをするのを見て、少女たちはそっくりそのままマネをします。ひいてはそれを体系的に教えて動画を撮影し、掲載するキッズダンス教室のユーチューブチャンネルさえあるほどです。動画の中で子どもたちは、あどけない顔に化粧を施し、魅惑的な表情を浮かべています。そしてクロップドTシャツにホットパンツという服装で骨盤を強調したダンスを踊るのです。

有名なキッズユーチューバーの映像も同じようなものです。中学入学を控えたあるユーチューバーは、入学祝いとして某ドラッグストアの商品券をもらったことを自慢しながら、好きな化粧品を大量にカゴに詰め込んでいました。自身を小学6年生だと紹介するあるキッズユーチューバーも自分が使っているドレッサーを公開し、愛用している基礎化粧品はもちろん、ティントなど色の付いた化粧品なども紹介しています。自分の体重を公開し、太りすぎたのでダイエットをするというような動画さえありました。当然ながら、そうしたキッズユーチューバーの体重は、平均体重を大きく下回っています。

これに対して批判的な見方をする人たちは、子どもたちはメディアに踊らされ堕落していると言います。少女たちがどんなに堂々とカメラの前でポーズを決めても、それはメディアによ

って作られ、表象化されたものにすぎないと言うのです。彼女たちは自分自身を対象化しなければ、世間の注目を集めて発信力を持つことができないということをすでに学習してしまっているから、と。一方で、少女たちは素早く自律的に現代文化とニューメディアに適応しているだけで、セクシャリティをマネすることは必ずしも性的な学習を意味するとは限らないという主張もあります。子どもを現代文化の受動的な被害者と見る視点と能動的な発信者と見る視点が共存しているのです。

この時、逆説的な現象が起こります。子どもたちの側に立って彼らの利益を保護しようという活動家たちは、子どもたちが無力で依存的な存在だと仮定しているようです。反対に、そういう人たちから「子どもたちをコントロールし搾取する存在」として批判されるメディアのほうは、むしろ子どもたちが持つ自律性や能力、影響力を高く評価して、彼らを有能で独立的な存在とみなしているように見えます。

少女文化のために大人ができること

一見するとこの二つの勢力は互いに相反する主張をしているように見えます。ですが、本当にそうなのでしょうか？　実は少女たちの能動性や受動性について、どちらか一方だけを主張することは、少女たちが抱えるジレンマ——大人たちから明確に制限された主体性しか与えられず、消費主義や年齢主義のほか、前述したような「二重の抑圧」に加えて性差別が蔓延する社会に放り出された少女たちの現実を無視していることになります。

例えば、女性アイドル文化は現代の少女たちが生まれるはるか前から存在してきました。彼女たちの「能動性」は、この時点でもう壁にぶち当たります。至極当然な話ですが、どんなに能動的で主体的な人間であっても、自分が生まれる前の歴史にまでは影響を与えることができません。要するに、彼女たちは自分たちが作ったわけではない、既存の迷路の中で道を切り拓けと言って放り出されているわけです。ですから、彼女たちがアイドルを目指したり、ユーチューバーとして活動したりしながら進むべき方向を定めるにあたっては、その道が本当に正しいかどうか判断できる人は誰もいません。

とはいえ、彼女たちの「受動性」もまた、「そんなふうに育てた覚えはない」という保護者の主張の前に崩れます。子どもが文化化する過程において、自身が所属する文化の発信者たちに染まるというのは自然なことです。たかが数人の大人たちが強制したところで止められるものではありません。それゆえ、子どもの権利活動家たちは、大人文化——なかでも特に大人の女性たちの文化全般が「美」に対するプロパガンダで構成されることの危険性について警鐘を鳴らしてきました。

このように、文化内において少女たちが能動的なのか、受動的なのかということを追求しても、この問題を解決することはできません。それ以上に私たちが知るべきなのは、少女たちが今、文化的な地形図の中のどの位置に身を置いているのか、そして過酷な環境の中で自分たちの文化を形成しようとする彼女たちの態度や意思が具体的にどんな妨害を受け、どんなふうに妥協を迫られているのかということです。加えて、私たちは大人文化が今の少女たちに与える影響力を意図的に無視したり、児童・青少年たちが自らの判断で大人文化のネガティブな面を拒否してポジティブな面だけを取り入れてくれるなどと一方的に期待したりしてもいけません。そうした土台づくりは大人たちが事前にしておくべき、大人としての「義務」だからです。

少女文化の今後の歩みを応援したいと思う大人であれば、認めなければならないことがあります。それは少女文化が安全であるためには、大人の文化から先に変わらなければならないということです。

出典

第1章　ディズニーは、どうやってプリンセスブランドを復活させたのか？

★1　Szmigiera, M. (2021). The 100 largest companies in the world by market capitalization in 2021. Statista.

★2　Suddath, C. (2015, December 17). The $500 million battle over Disney's princesses. Bloomberg Businessweek, 17.

★3　Wloszczyna, S. (2003, September 17). Disney Princesses Wear Merchandising Crown. USA Today, 17.

★4　The Walt Disney Company. (2005). Disney Princess Proves She's Still The Fairest Of The Land; Girls' Lifestyle Brand Set To Become World's Largest In 2006.

★5　『千の顔を持つ英雄〔新訳版〕上』ジョーゼフ・キャンベル著、倉田真木・斎藤静代・関根光宏訳、ハヤカワ・ノンフィクション文庫、２０１５年、91頁

第2章　外は危険、ディズニーから離れないで

★6　Olson, E. (1998, April 27). Disney ups TV animation duo. Variety. Cahners Business Information. Retrieved September 16, 2015. https://variety.com/1998/biz/news/disney-ups-tv-animation-duo-1117470173.; Baisley,S. (2003, June 16). Disneytoon Studios Builds Slate Under New Name and Homes for Needy. Animation World Network. Retrieved February 26, 2013.https://www.awn.com/news/disneytoon-studios-builds-slate-under-newname-and-homes-needy. ※現在はアクセス不可

★7　Box Office Mojo. (n.d.). Lilo & Stitch. Retrieved from https://www.boxofficemojo.com/release/rl3898508801

★8　Breznican, A. (2002, February 14). Disney taking sequels to the bank. Spartanburg Herald-Journal. The New York Times Company. Associated Press. D7. Retrieved March 29, 2017. https://news.google.com/newspapers?id=NDYfAAAAIBAJ&sjid=F9AEAAAAIBAJ&pg=6591%2C5108585

★9　Box Office Mojo. (n.d.). Moana. Retrieved from https://www.boxofficemojo.com/release/rl4249847297

★10 Licensemag.com. (2009, May 1). Disney Princess Power. License! Global. Retrieved July 20, 2010.

★11 Schiele, K., Louie, L., & Chen, S. (2020). Marketing feminism in youth media:A study of Disney and Pixar animation. Business Horizons.

★12 『サブカルチャーは抵抗するのか』「少女とサブカルチャー」アンジェラ・マクロビー、ジェニー・ガーバー著、イ・ドンヨン編訳、文化科学社、１９９８年

第３章　女の子は人形を、男の子はアクションフィギュアを本能的に求めるのか？

★13 Abrams, N. (2016, January 09). J.J. Abrams: Lack of Rey toys for Star Wars:The Force Awakens 'preposterous'. EW.; Bartle et, L. (2016, January 09). JJ Abrams: it's 'preposterous and wrong' for female Star Wars protagonist not to be included in toy sets. NME.

★14 Kain, E. (2016, January 25). Excluding Rey from 'Star Wars: The Force Awakens' Toys is Really Dumb. Forbes.com, 25.

★15 Graser, M. (2013, June 17). With Star Wars and princesses, Disney now has six of the top 10 licensed franchises. Variety.

★16 Licensemag.com. (2009, May 1). Disney Princess Power. License! Global. Retrieved July 20, 2010.

★17 同右

第４章　子どもには思う存分遊ばせよ！

★18 General comment No. 17 (2013) on the right of the child to rest, leisure, play, recreational activities, cultural life and the arts (art. 31), Article 14（邦訳は平野裕二訳を参考 https://www.nichibenren.or.jp/library/ja/kokusai/humanrights_library/treaty/data/child_gc_ja_17.pdf

★19 同右

★20 『ホモ・ルーデンス』ヨハン・ホイジンガ著、高橋英夫訳、中公文庫、２０１９年、12頁

★21 同右、30～31頁

★22 General comment No. 17 (2013) on the right of the child to rest, leisure, play, recreational activities, cultural life and the arts (art. 31), Article 8.

★23 「On Air：グラウンドを走る女たち［ハン・ヘジン、チャ・スミン、キム・ジンギョン、アイリーン・キム、イ・

ヒョニ、ソン・ヘナ」『W korea』２０２１年６月22日

第５章　ゲーム業界、どうしようもないと思っていたら間違いでした

★24　Provenzo, E. (1991). Video Kids: Making Sense of Nintendo. Cambridge: Harvard University Press.

★25　Cassell, J. & Jenkins, H. (1998). Chess For Girls?: Feminism and Computer Games. 8.

★26　同右、11

★27　Carroll, N. (1994). Designing Electronic Games to Win Over Girls. USA Today, 10, 4D.

★28　Weil, E. (1997). The girl-game jinx. Salon.com. Retrieved April 6, 2004

★29　同右

★30　Cassell, J. & Jenkins, H. (1998). op. cit.

★31　Beatto, G. (2000). Girl games: Computer games for girls is no longer anoxymoron. Wired Magazine, 5(10).

★32　McRobbie, A. (1991). Feminism and Youth Culture: From Jackie to Just Seventeen. London: MacMillan.

★33　Fleming, D. (1996). Powerplay: Toys as Popular Culture. Manchester: Manchester University Press.

★34　Cassell, J. & Jenkins, H. (1998). op. cit.

★35　General comment No. 17 (2013) on the right of the child to rest, leisure, play, recreational activities, cultural life and the arts (art. 31), Article 47, 48, 57.

★36　アン・テスク「ゲーム利用者の実態調査」、韓国コンテンツ振興院、２０２１年
チャン・ウネ「ゲーム利用者の実態調査」、韓国コンテンツ振興院、２０１９年

★37　GamesIndustry International. (2005, February 7). The Sims Franchise Celebrates Its Fifth Anniversary and Continues to Break Records. GamesIndustry.biz.; Valentine, R. (2019, October 29). The Sims franchise surpasses $5b in lifetime sales. GamesIndustry.biz.

第６章　魔法の国からやってきたサリーのパラドックス

★38　バンダイナムコグループ ファクトブック２０１９(https://www.bandainamco.co.jp/files/ir/integrated/pdf/2019_fact.pdf)

★39　『子どもたちはどうやって消費者として育つのか!!』デイヴィッド・バッキンガム著、ホ・スジン訳、グリーンフ

イッシュ、２０１３年、１２９〜１３２頁
★40 『私たちの時代の大衆文化と少女の系譜学』ハン・ジヒ著、慶尚大学出版部、２０１５年

第７章　魔法少女アニメが衰退した理由
★41 「ガンダムが30年間愛されたのは女性ファンのおかげ」『ハンギョレ』２０１０年７月19日(http://www.hani.co.kr/arti/culture/movie/431076.html)

第８章　セーラームーンはなぜ世界を救えなかったのか？
★42 「マンガ家を支えた陰の立役者たち。黄金期を築いた、敏腕編集者の仕事。」『Pen No337』阪急コミュニケーションズ、２０１３年、83頁
★43 WORLD ECONOMIC FORUM (https://www.weforum.org/reports)
★44 「少年アヤの女子の文明論　美少女戦士セーラームーン 前編」『RoLa』２０１３年９月号、新潮社、99頁
「少年アヤの女子の文明論　美少女戦士セーラームーン 中編」『RoLa』２０１３年11月号、新潮社、１１５頁
★45 Ikuhara, K. (2010). Bisyojo Senshi Sailor Moon (Pretty Guardian Sailor Moon). In The 1st Innovative Cultural Symposium organized by Beijing University and Meiji University [conference].

第９章　魔法少女アニメはおもちゃのカタログ？
★46 バンダイナムコ ホールディングス (http://www.bandainamco.co.jp/ir)
★47 「『おジャ魔女どれみ』佐藤順一×山田隆司×馬越嘉彦が座談会！　20周年記念特集第２回：スタッフインタビュー」『PASH! PLUS』２０１９年２月14日(http://www.pashplus.jp/interview/128498)
★48 『だからアニメシナリオはやめられない』小山高生編著、映人社、２０１２年、成田良美寄稿文、29頁
★49 バンダイナムコ ホールディングス (http://www.bandainamco.co.jp/ir)
★50 「男女に差なんて、ない　プリキュア生みの親、秘めた信念」『朝日新聞デジタル』２０１８年２月28日(https://www.asahi.com/articles/ASL2W65XCL2WUTIL04V.html)
★51 「「セリフの語尾に『だわ』は使わない」子供向け番組の演出に込められた思い」『ＦＲａＵ』２０２１年９月19日

(https://gendai.media.jp/articles/-/87400?page=2)

第10章　すべての文学は少女から始まった

★52『私たちの時代の大衆文化と少女の系譜学』ハン・ジヒ著、慶尚大学出版部、2015年、111～113頁
★53「[Why] 戦争で母を失った……当時は私たちの誰もが『アン』だった」『朝鮮日報』2014年3月22日
★54『文学少女』キム・ヨンオン著、バンビ、2017年、163頁
★55『女吸血鬼カーミラ』ジョゼフ・シェリダン・レ・ファニュ著、長井那智子訳、亜紀書房、2015年、35頁
★56『フランケンシュタイン』メアリー・シェリー著、芹澤恵訳、新潮文庫、2015年、175頁

第11章　私らしくいられない世の中で「児童書」として生き残る

★57「韓国で保護される外国人の著作物には、どんなものがありますか？」韓国著作権保護院、2010年6月28日 https://www.copy112.or.kr/bootlegging/FAQ/?mode=view&idx=279. ※現在はアクセス不可
★58「青少年小説の中で繰り返される、いくつかの様相」『チャンビオリニ』2013年冬号、オ・セラ著、チャンビ、39～45頁
★59「最近出版された青少年小説の傾向」『チャンビオリニ』2013年冬号、ハン・ミファ著、チャンビ、27頁
★60「発見される声と可能性」『チャンビオリニ』2017年夏号、キム・ジウン著、チャンビ、2017年、38頁
★61 同右、42頁
★62「50年前にデンマークで出版された性教育の絵本、韓国では度を越えた本なのか」『朝鮮日報』2020年9月5日「僕の本がわいせつだって？　宗教の影響が強いからか、セックスに対して抵抗があるからか」[スポットインタビュー]『あかちゃんはこうしてできる』（北沢杏子訳、アーニ出版、1982年）の著者P.H.クヌートセン「そんな考え方は現代的じゃない」『オーマイニュース』2020年8月31日、「緑の傘子ども財団、非難を受けた女性家族部の『自分らしさを考える児童書教育文化事業』から手を引く」『中央日報』2020年8月26日

第12章　文学界、少女ヒーローの裏に隠された性差別の陰

★63『大衆文化はどうやって女性を作るのか』メリッサ・アメス、セラ・ビルコン著、チョ・エリ訳、ハヌルアカデミ

ー、２０２０年、67頁

★64 同右、68頁

★65 Flood, A. (2011, May 6). Study finds huge gender imbalance in children's literature. The Guardian.

★66 Flood, A. (2018, May 30). Ursula K Le Guin film reveals her struggle to write women into fantasy. The Guardian.

★67 White, J. (n.d.). Coming Back From the Silence an interview with Ursula Le Guin. https://www.swarthmore.edu/Humanities/pschmid1/engl5H/leguin.interv.html.

★68 『紅一点論 アニメ・特撮・伝記のヒロイン像』斎藤美奈子著、ビレッジセンター出版局、１９９８年、２９３～２９４頁

★69 『大衆文化はどうやって女性を作るのか』メリッサ・アメス、セラ・ビルコン著、チョ・エリ訳、ハヌルアカデミー、２０２０年、38～40頁

★70 Moyers, B. (2000). Bill Moyers interview with Ursula K. LeGuin about 〝Lathe of Heaven〟 [Interview]. YouTube. Retrieved May3.2012. https://www.youtube.com/watch?v=O1bZe7bdXMw.

★71 Flood, A. (2018, May 30). Ursula K Le Guin film reveals her struggle to write women into fantasy. The Guardian.

★72 White, J. (n.d.). Coming Back From the Silence an interview with Ursula Le Guin. https://www.swarthmore.edu/Humanities/pschmid1/engl5H/leguin.interv.html.

★73 Moyers, B. (2000). Bill Moyers interview with Ursula K. LeGuin about 〝Lathe of Heaven〟 [Interview]. YouTube. Retrieved May 3, 2012. https://www.youtube.com/watch?v=O1bZe7bdXMw.

第13章　アイドル「パスニ（追っかけ）」、「ファンフィクション（二次創作）」、「ホームマスター（ファンサイトの管理人）」、それぞれの推し活

★74 「偶像の夕暮れ：韓国社会においてアイドルはどのように消費されるか」『アイドル』ムンガン・ヒョンジュン著、イマジン、２０１１年、63頁

★75 同右、50頁

★76 同右、54～56頁

★77 「『女オタ』小説家は自分が読みたい小説を書く」『イルダ』、チョ・ウリ著、２０２０年6月16日

第14章　白状します、女性アイドルを見るたびに申し訳なくなる理由を

★78 「イプトクビュー：歌手メイダニ、JYP.YGを辞めた理由、どうしてユーチューブで公開したかについて」『韓経ドットコム』２０１９年5月19日

★79 「ハン・スンヨン「ＫＡＲＡ時代は食べられなくていつもイライラ、低体重……不健康な人生だということにある日気付いた」『朝鮮日報』２０２１年９月２日

★80 キム・スア(2010)「少女イメージのショービジネス化と消費方式の構成」『メディア、ジェンダー&文化』15, 79-119.：イ・ドンヨン(2009)「アイドルポップとは何か?：徴候的読解」『文化科学』62, 210-227.：チャ・ウジン(2009)「女性アイドルグループ全盛期」『文化科学』59, 270-283.：Shin, H. (2009). Have you ever seen the Rain? And who. ll stop the Rain?：The globalizing project of Korean pop (K－pop). Inter－Asia Cultural Studies, 10(4), 507-523.

第15章　少女は幻想を満たす存在ではなく、人間です！

★81 『オトメの祈り　近代女性イメージの誕生』川村邦光著、紀伊國屋書店、１９９３年、『セクシュアリティの近代』川村邦光著、講談社、１９９６年
Sugawa-Shimada, A. (2011). Representations of Girls in Japanese Magical Girl TV Animation Programmes from 1966 to 2003 and Japanese Female Audiences. Understanding of Them (Doctoral dissertation, University of Warwick).; Yamanashi, M. (2008, September 21).The Power and Allure of the Ephemeral Otome Fantasy (Shôjo Gensô in Japanese Cultural Heritage: A Critical Approach to the Neo-romantic World of Girls) [Paper presentation]. 12th EAJS International Conference, Leece,Italy. http:/asiaintensiv.pbworks.com/f/EAJS+bulletin78.pdf

★82 「『叔父さんファン』の誕生：30代男性ファンたちの可能性と不可能性について」『アイドル』キム・ソンユン著、イマジン、２０１１年、２３７～２６９頁

参考文献

はじめに

●論文

Arnould, E. J. & Thompson, C. J. (2005). Consumer culture theory (CCT): Twenty years of research. Journal of consumer research, 31(4), 868-882.

Brown, L. M. (2008). The "Girls" in Girls' Studies. Girlhood Studies, 1(1), 1-12.

Buckingham, D. & Sefton-Green, J. (2003). Gotta catch'em all: Structure, agency and pedagogy in children's media culture. Media, Culture & Society, 25(3), 379-399.

Buckingham, D. (2007). Selling childhood? Children and consumer culture. Journal of children and media, 1(1), 15-24.

Cook, D. T. (1995). The mother as consumer: insights from the children's wear industry, 1917–1929. The sociological quarterly, 36(3), 505-522.

Cook, D. T. (2000). The other "child study": Figuring children as consumers in market research, 1910s-1990s. The Sociological Quarterly, 41(3), 487-507.

Cook, D. T. (2003). Agency, children's consumer culture and the fetal subject: Historical trajectories, contemporary connections. Consumption, Markets and Culture, 6(2), 115-132.

Cook, D. T., & Kaiser, S. B. (2004). Betwixt and between: Age ambiguity and the sexualization of the female consuming subject. Journal of Consumer Culture, 4(2), 203-227.

Cook, D. T. (2008). The Missing Child in Consumption Theory. Journal of Consumer Culture, 8(2), 219-243.

Cook, D. T. (2009). Knowing the child consumer: historical and conceptual insights on qualitative children's consumer research. Young

Consumers, 10(4), 269-282.
Creighton, M. R. (1994). "Edutaining" children: consumer and gender socialization in Japanese marketing. Ethnology, 33(1), 35-52.
Ekström, K. M. (2006). Consumer socialization revisited. Research in consumer behavior, 71-98.
Hong, S. (2019). From princess to Super-hero: A 50-year-history of Mahō Shōjo Animation in Works of Tōei Animation (Master's Thesis, Saitama University).
Johansson, B. (2005). Children and their money. ACR European Advances.
John, D. R. (1999). Consumer Socialization of Children: A Retrospective Look at Twenty-five Years of Research. Journal of Consumer Research, 26(3), 183-213.
Sugawa-Shimada, A. (2011). Representations of Girls in Japanese Magical Girl TV Animation Programmes from 1966 to 2003 and Japanese Female Audiences'Understanding of Them (Doctoral dissertation, University of Warwick).
Ward, S. (1974). Consumer Socialization. Journal of Consumer Research, 1(2), 1-14.

●書籍

『子どもたちはどうやって消費者として育つのか！』デイヴィッド・バッキンガム著、ホ・スジン訳、グリーンフィッシュ、２０１３年
『〈子供〉の誕生：アンシァン・レジーム期の子供と家族生活』フィリップ・アリエス著、杉山光信・杉山恵美子訳、みすず書房、１９８０年
『私たちの時代の大衆文化と少女の系譜学』ハン・ジヒ著、慶尚大学出版部、２０１５年
Ariès, P. (1962). Centuries of Childhood. Harmondsworth: Penguin.
Buckingham, D. (2000). After the Death of Childhood: Growing up in the Age of Electronic Media. Cambridge: Polity Press.
Buckingham, D. (2011). The Material Child: Growing up in Consumer Culture. Cambridge: Polity Press.
Buckingham, D. (2014). Selling youth: The paradoxical empowerment of the young consumer. In Youth cultures in the age of global media. London: Palgrave Macmillan.206
Cook, D. T. (2004). The commodification of childhood: The children's clothing industry and the rise of the child consumer. Durham: Duke University Press. Cook, D. T. (2005). Consumer Culture. In Jacobs, M. D., & Hanrahan, N. W. (Eds.), The Blackwell Companion

to the Sociology of Culture (pp160-175). Chichester: John Wiley & Sons.

Cook, D. T. (2010). Commercial enculturation: Moving beyond consumer socialization. In Buckingham, D., & Tingstad, V. (Eds.), Childhood and consumer culture (pp63-79). London: Palgrave Macmillan.

Johansson, B. (2007). Fashion and style in a commercial and cultural borderland. In Brembeck, H., Ekström, K. M., & Mörck, M. (Eds.), Little monsters:(de) coupling assemblages of consumption (Vol. 7) (pp131-147). LIT Verlag Münster.

Johansson, B. (2010). Subjectivities of the child consumer: Beings and becomings. In Buckingham, D., & Tingstad, V. (Eds.), Childhood and consumer culture (pp80-93). London: Palgrave Macmillan.

Pollock, L. A. (1983). Forgotten children: Parent-child relations from 1500 to 1900. Cambridge: Cambridge University Press.

第1章　ディズニーは、どうやってプリンセスブランドを復活させたのか？

●論文

Clapp-Itnyre, A. (2010). Help! I'ma Feminist But My Daughter is a "Princess
Fanatic"! Disney's Transformation of Twenty-First-Century Girls. Children's Folklore Review, 32, 7-22.

O'brien, P. C. (1996). The happiest films on earth: A textual and contextual analysis of Walt Disney's Cinderella and The Little Mermaid. Women's Studies in Communication, 19(2), 155-183.

第2章　外は危険、ディズニーから離れないで

●新聞記事

Orenstein, P. (2006). What's wrong with Cinderella. The New York Times, 6(1), 34.

●論文

McRobbie, A., & Garber, J. (2002). Girls and subcultures: An exploration. In Resistance through rituals (pp209-222). Routledge.

Schiele, K., Louie, L., & Chen, S. (2020). Marketing feminism in youth media: A study of Disney and Pixar animation. Business Horizons.

Sweeney, M. M. (2011). "Where Happily Ever After Happens Every Day": Disney's Official Princess Website and the Commodification of Play. Jeunesse: Young People, Texts, Cultures, 3(2), 66-87.

●書籍

『サブカルチャーは抵抗するのか』「少女とサブカルチャー」アンジェラ・マクロビー、ジェニー・ガーバー著、イ・ドンヨン編訳、文化科学社、１９９８年

『プリンセス願望には危険がいっぱい』ペギー・オレンスタイン著、日向やよい訳、東洋経済新報社、２０１２年

第３章　女の子は人形を、男の子はアクションフィギュアを本能的に求めるのか？

●論文

Brown, J. A. (2018). #wheresRey: feminism, protest, and merchandising sexism in Star Wars: The Force Awakens. Feminist media studies, 18(3), 335-348.

Forman-Brunell, M. (2009). Barbie in "LIFE": The Life of Barbie. The Journal of the History of Childhood and Youth, 2(3), 303-311.

Forman-Brunell, M. (2012). Interrogating the meanings of dolls: New directions in doll studies. Girlhood Studies, 5(1), 3-13.

Gould, S. Z. Toys Make a Nation: A History of Ethnic Toys in America (Doctoral dissertation, University of Michigan), 2010.

Mandrona, A. R. (2012). Handmade Identities: Girls, Dolls and DIY. Girlhood Studies, 5(1), 98-120.

Valdivia, A. N. (2009). Living in a hybrid material world: Girls, ethnicity and mediated doll products. Girlhood Studies, 2(1), 73-93.

●書籍
Attfield, J. (2000). Wild Things: The Material Culture of Everyday Life. New York: Berg.
Beltran, M. C., & Fojas, C. (Eds.). (2008). Mixed Race Hollywood. New York: NYU Press.

第4章　子どもには思う存分遊ばせよ!

●書籍
『遊びと人間』ロジェ・カイヨワ著、多田道太郎・塚崎幹夫訳、講談社、1990年
『ホモ・ルーデンス』ヨハン・ホイジンガ著、高橋英夫訳、中公文庫、2019年

●その他
UN General Assembly (1989). Convention on the Rights of the Child. United Nations, Treaty Series, 1577(3).
UN Committee on the Rights of the Child (CRC), General comment No. 17 (2013) on the right of the child to rest, leisure, play, recreational activities, cultural life and the arts (art. 31), 17 April 2013.

第5章　ゲーム業界、どうしようもないと思っていたら間違いでした

●論文
Cassell, J. & Jenkins, H. (1998). Chess For Girls?: Feminism and Computer Games.

●書籍
Cassell, J. & Jenkins, H. (Eds.). (1998). From Barbie To Mortal Kombat: Gender And Computer Games. Cambridge, MA: MIT Press.
Fleming, D. (1996). Powerplay: Toys as Popular Culture. Manchester: Manchester University Press.

Kafai, Y. B., Heeter, C., Denner, J. & Sun, J. Y. (Eds.). (2008). Beyond Barbie and Mortal Kombat: Perspectives on Gender and Gaming. Cambridge, MA: MIT Press.

McRobbie, A. (1991). Feminism and Youth Culture: From Jackie to Just Seventeen. London: MacMillan.

Provenzo, E. (1991) Video Kids: Making Sense of Nintendo. Cambridge: Harvard University Press.

Richard, G. Tynes, B. M., & Kafai, Y. B. (Eds.). (2016). Diversifying Barbie and Mortal Kombat: Intersectional Perspectives And Inclusive Designs of Gaming. Carnegie Mellon University: ETC Press.

●報告書

アン・テスク「ゲーム利用者の実態調査」、韓国コンテンツ振興院、２０２１年

チャン・ウネ「ゲーム利用者の実態調査」、韓国コンテンツ振興院、２０１９年

●その他

Beatto, G. (2000). Girl games: Computer games for girls is no longer an oxymoron. Wired Magazine, 5(10).

Carroll, N. (1994). Designing Electronic Games to Win Over Girls. USA Today, 10, 4D.

UN Committee on the Rights of the Child (CRC), General comment No. 17 (2013) on the right of the child to rest, leisure, play, recreational activities, cultural life and the arts (art. 31), 17 April 2013.

Weil, E. (1997). The girl-game jinx. Salon.com. Retrieved April 6, 2004.

第6章　魔法の国からやってきたサリーのパラドックス

●論文

Park, H. (2005). A study on the formation of the view on Child in Modern Japan. Sogang University East Asian Studies, 49. 135-162.

Saito, K. (2014). Magic, Shōjo, and metamorphosis: Magical girl anime and the challenges of changing gender identities in Japanese society. The Journal of Asian Studies, 73(1), 143-164.

Sugawa-Shimada, A. (2011). Representations of Girls in Japanese Magical Girl TV Animation Programmes from 1966 to 2003 and Japanese Female Audiences'Understanding of Them (Doctoral dissertation, University of Warwick).

●書籍

『子どもたちはどうやって消費者として育つのか！！』デイヴィッド・バッキンガム著、ホ・スジン訳、グリーンフィッシュ、２０１３年
『私たちの時代の大衆文化と少女の系譜学』ハン・ジヒ著、慶尚大学出版部、２０１５年
Buckingham, D. (2011). The Material Child: Growing up in Consumer Culture. Cambridge: Polity Press.
Iwabuchi, K. (2002). Recentering globalization: Popular culture and Japanese transnationalism. Durham: Duke University Press.
『人口から読む日本の歴史』鬼頭宏著、講談社、２０００年
『子供を祝う端午の節句と雛祭』是澤博昭著、淡交新書、２０１５年
『日本子ども史』森山茂樹、中江和恵著、平凡社、２００２年
Sugawa-Shimada, A. (2019). Shōjo in Anime: Beyond the Object of Men's Desire. In Berndt, J., Nagaike, K., & Ogi, F. (Eds.), Shōjo Across Media: Exploring "Girl"Practices in Contemporary Japan. Cham: Palgrave Macmillan.

●その他

バンダイこどもアンケートレポートVol.202「お子様の好きなキャラクターは何ですか？」アンケート結果２０１２年６月(https://www.bandai.co.jp/kodomo/pdf/question202.pdf)
バンダイこどもアンケートレポート Vol.216「お子さまの好きなキャラクターに関する意識調査」結果２０１４年６月24日 (https://www.bandai.co.jp/kodomo/pdf/question216.pdf)
バンダイこどもアンケートレポートVol.228「お子さまの好きなキャラクターに関する意識調査」結果２０１６年６月23日 (https://www.bandai.co.jp/kodomo/pdf/question228.pdf)
バンダイナムコグループ ファクトブック２０１９ (https://www.bandainamco.co.jp/cgi-bin/releases/index.cgi/file/view/9504?entry_id=6636)
「魔法使いサリーアニメ誕生秘話」『魔法使いサリーオリジナルブックレット』白川大作著、ユニバーサルミュージック、

２００６年

第7章　魔法少女アニメが衰退した理由

●論文

Benson, A. (2018). Loss in the Land of Toys: Purikyua and the Marketing of Childhood Nostalgia. Journal of Policy and Culture(JJPC), 26, 31-44.

Saito, K. (2014). Magic, Shōjo, and metamorphosis: Magical girl anime and the challenges of changing gender identities in Japanese society. The Journal of Asian Studies, 73(1), 143-164.

Sugawa-Shimada, A. (2011). Representations of Girls in Japanese Magical Girl TV Animation Programmes from 1966 to 2003 and Japanese Female Audiences'Understanding of Them (Doctoral dissertation, University of Warwick).

Wang & Takahashi. (2016). Japanese modern animation judging from a feminist viewpoint. IPSJ SIG Technical Report. 2016(7), 1-7.

●書籍

Allison, A. (2006). Millennial monsters: Japanese toys and the global imagination, Berkeley: Univ of California Press.

Sugawa-Shimada, A. (2019). Shōjo in Anime: Beyond the Object of Men's Desire. In Berndt, J., Nagaike, K., & Ogi, F. (Eds.), Shōjo Across Media: Exploring "Girl"Practices in Contemporary Japan. Cham: Palgrave Macmillan.

第8章　セーラームーンはなぜ世界を救えなかったのか？

●論文

Benson, A. (2018). Loss in the Land of Toys: Purikyua and the Marketing of Childhood Nostalgia. Journal of Policy and Culture(JJPC), 26, 31-44.

Grigsby, M. (2000). Sailormoon: Manga (comics) and anime (cartoon) superheroine meets Barbie: Global entertainment commodity comes to the United States. Journal of Popular Culture, 32(1), 59-80.

Hartzheim, B. H. (2016). Pretty Cure and the magical girl media mix. The Journal of Popular Culture, 49(5), 1059-1085.

Newsom, V. A. (2004). Young Females as Super Heroes: Super Heroines in the Animated Sailor Moon. Femspec, 5(2), 57.

Saito, K. (2014). Magic, Shōjo, and metamorphosis: Magical girl anime and the challenges of changing gender identities in Japanese society. The Journal of Asian Studies, 73(1), 143-164.

Sugawa-Shimada, A. (2011). Representations of Girls in Japanese Magical Girl TV Animation Programmes from 1966 to 2003 and Japanese Female Audiences'Understanding of Them (Doctoral dissertation, University of Warwick).

●書籍

『紅一点論 アニメ・特撮・伝記のヒロイン像』斎藤美奈子著、ビレッジセンター出版局、１９９８年

Allison, A. (2006). Millennial monsters: Japanese toys and the global imagination. Berkeley: Univ of California Press.

Fujimoto, Y. (2015). Sailor-Moon! The Treasure Box All the Girls Want. In International Perspectives on Shojo and Shojo Manga (pp. 50-57). London: Routledge.

Grigsby, M. (1999). The social production of gender as reflected in two Japanese culture industry products: Sailormoon and Crayon Shin-Chan. In Lent, J. A. (Ed.), Themes and issues in Asian cartooning: cute, cheap, mad, and sexy (pp. 183-210). Bowling Green State University Popular Press.

Sugawa-Shimada, A. (2019). Shōjo in Anime: Beyond the Object of Men's Desire. In Berndt, J., Nagaike, K., & Ogi, F. (Eds.), Shōjo Across Media: Exploring "Girl" Practices in Contemporary Japan. Cham: Palgrave Macmillan.

Zeisler, A. (2016). We were feminists once: From riot grrrl to CoverGirl, the buying and selling of a political movement. Public Affairs.

第9章　魔法少女アニメはおもちゃのカタログ？

●論文

Allison, A. (2008). Pocket capitalism and virtual intimacy: Pokemon as symptom of postindustrial youth culture. Figuring the future: glo balization and the temporalities of children and youth, 179-196.

Benson, A. (2018). Loss in the Land of Toys: Purikyua and the Marketing of Childhood Nostalgia. Journal of Policy and Culture(JJPC), 26, 31-44.

Benson, A. (2019)., Becoming Purikyua: Building the lifestyle-text in Japanese girls'franchises. Contemporary Japan, 31(1), 61-78.

Hartzheim, B. H. (2016). Pretty Cure and the magical girl media mix. The Journal of Popular Culture, 49(5), 1059-1085.

Sugawa-Shimada, A. (2011). Representations of Girls in Japanese Magical Girl TV

Animation Programmes from 1966 to 2003 and Japanese Female Audiences'Understanding of Them (Doctoral dissertation, University of Warwick).

●書籍

Allison, A. (2006). Millennial monsters: Japanese toys and the global imagination. Berkeley: Univ of California Press.

Sugawa-Shimada, A. (2019). Shōjo in Anime: Beyond the Object of Men's Desire. In Berndt, J., Nagaike, K., & Ogi, F. (Eds.), Shōjo Ac ross Media: Exploring "Girl"Practices in Contemporary Japan. Cham: Palgrave Macmillan.

第10章　すべての文学は少女から始まった

●書籍

『文学少女』キム・ヨンオン著、バンビ、２０１７年

『私たちの時代の大衆文化と少女の系譜学』ハン・ジヒ著、慶尚大学出版部、２０１５年

『フランケンシュタイン』メアリー・シェリー著、芹澤恵訳、新潮文庫、２０１５年、67頁

第11章　私らしくいられない世の中で「児童書」として生き残る

●その他

「特集：青少年小説の現在地」『チャンビオリニ』2013年冬号、チャンビ、2017年
「特集：児童文学とフェミニズム」『チャンビオリニ』2017年夏号、チャンビ、2017年

第12章　文学界、少女ヒーローの裏に隠された性差別の陰

●書籍

『大衆文化はどうやって女性を作り出すのか』メリッサ・アメス、セラ・ビルコン著、チョ・エリ訳、ハヌルアカデミー、2020年
『紅一点論 アニメ・特撮・伝記のヒロイン像』斎藤美奈子著、ビレッジセンター出版局、1998年
Ames, M., & Burcon, S. (2016). How Pop Culture Shapes the Stages of a Woman's Life: From Toddlers-in-tiaras to Cougars-on-the-prowl. London: Palgrave Macmillan.

第13章　アイドル「パスニ（追っかけ）」、「ファンフィクション（二次創作）」、「ホームマスター（ファンサイトの管理人）」、それぞれの推し活

●書籍

「偶像の夕暮れ：韓国社会においてアイドルはどのように消費されるか」『アイドル』ムンガン・ヒョンジュン著、イマジン、2011年
「アイデンティティの構成と亀裂：20代のフェミニストとアイドルの間で」『文化と社会』第12巻、ハン・ウリ著、チプムンダン、2012年

第14章　白状します、女性アイドルを見るたびに申し訳なくなる理由を

●論文

キム・スア(2010)「少女イメージのショービジネス化と消費方式の構成」『メディア、ジェンダー&文化』15

イ・ドンヨン(2009)「アイドルポップとは何か？：徴候的読解」『文化科学』62

チャ・ウジン(2009)「女性アイドルグループ全盛期」『文化科学』59

Shin, H. (2009). Have you ever seen the Rain? And who'll stop the Rain?: The globalizing project of Korean pop (K-pop). Inter-Asia Cultural Studies, 10(4), 507-523.

●書籍

「女性アイドルグループ全盛時代にあなたが想像すること:女性アイドルグループの性的イメージ戦略とそれにハマる男性ファンたち」『アイドル』キム・スア著、イマジン、2011年

「アイドル共和国：少女産業の地球化と少女の肉体の商品化」『ジェンダーと社会』キム・イェラン著、トンニョク、2014年

『大衆文化はどうやって女性を作るのか』メリッサ・アメス、セラ・ビルコン著、チョ・エリ訳、ハヌルアカデミー、2020年

『女神はほめ言葉なのか?:女性アイドルをめぐるいくつかの質問』チェ・ジソン著、サンディ、2021年

「アイドル少女商品の企画と少女の疎外」『私たちの時代の大衆文化と少女の系譜学』ハン・ジヒ著、慶尚大学出版部、2015年

Ames, M., & Burcon, S. (2016). How Pop Culture Shapes the Stages of a Woman's Life: From Toddlers-in-tiaras to Cougars-on-the-prowl. London: Palgrave Macmillan.

●その他

パク・ポクスンア「アイドルを演じる人々:加護亜依① 日本の国民的アイドル、〝あいぼん〟の誕生『IDOLOGY』2015年5月29日 (idology.kr/4478.)

パク・ポクスンア「アイドルを演じる人々:加護亜依② 一人のアイドル、2つの誕生背景」『IDOLOGY』2015年5月29日 (idology.kr/4504.)
パク・ポクスンア「アイドルを演じる人々:加護亜依③ 加護亜依に再び、幸せビーム♡」『IDOLOGY』2015年5月29日 (idology.kr/4509.)

第15章 少女は幻想を満たす存在ではなく、人間です！

●論文

キム・スア(2010)「少女イメージのショービジネス化と消費方式の構成」『メディア、ジェンダー&文化』15
イ・ドンヨン(2009)「アイドルポップとは何か?:徴候的読解」『文化科学』62
チャ・ウジン(2009)「女性アイドルグループ全盛期」『文化科学』59
Buckingham, D. (2007). Selling childhood? Children and consumer culture. Journal of children and media, 1(1).
Sugawa-Shimada, A. (2011). Representations of Girls in Japanese Magical Girl TV Animation Programmes from 1966 to 2003 and Japanese Female Audiences' Understanding of Them (Doctoral dissertation, University of Warwick).

●書籍

「『叔父さんファン』の誕生:30代男性ファンたちの不可能性/可能性について」『アイドル』キム・ソンユン著、イマジン、2011、237~269頁
「女性アイドルグループ全盛期にあなたが想像すること:女性アイドルグループの性的イメージ戦略とそれにハマる男性ファンたち」『アイドル』キム・スア著、イマジン、2011年
「アイドル共和国:少女産業の地球化と少女の肉体の商品化」『ジェンダーと社会』キム・イェラン著、トゥルニョク、2014年
『子どもたちはどうやって消費者として育つのか!』デイヴィッド・バッキンガム著、ホ・スジン訳、グリーンフィッシュ、2013年

『フェミニズムの挑戦：韓国社会の日常のセクシャルポリティクス』チョン・ヒジン著、教養人、２００５年
『女神はほめ言葉なのか？：女性アイドルをめぐるいくつかの質問』チェ・ジソン著、サンディ、２０２１年
「アイドル少女商品の企画と少女の疎外」『私たちの時代の大衆文化と少女の系譜学』ハン・ジヒ著、慶尚大学出版部、２０１５年
Buckingham, D. (2011). The Material Child: Growing up in Consumer Culture. Cambridge: Polity Press.
『オトメの祈り 近代女性イメージの誕生』川村邦光著、紀伊國屋書店、１９９３年
『セクシュアリティの近代』川村邦光著、講談社、１９９６年

●その他

Yamanashi, M. (2008, September 21). The Power and Allure of the Ephemeral Otome Fantasy (Shôjo Gensô in Japanese Cultural Heritage: A Critical Approach to the Neoromantic World of Girls) [Paper presentation]. 12th EAJS International Conference, Leece, Italy. http://asiaintensiv.pbworks.com/f/EAJS+bulletin78.pdf

ペク・ソルフィ 著

気付けば7年目を迎える編集者。現在までの自分を作り上げ、未来の女児たちを作っていく少女文化に強い関心を持つ。人文学コミュニティ「イウム」が発行するウェブマガジン「CONNECT」の編集員。パク・ポクスンアというペンネームで小説の執筆も行っているほか、「IZE」「ビュー」などにも寄稿している。

ホン・スミン 著

児童文化・消費文化を専攻する大学院生。埼玉大学にて論文「東映魔法少女アニメーション50年史」を執筆し、修士学位を取得。現在はオーストラリアのシドニー大学にて博士課程を受けている。

渡辺麻土香 訳

韓日翻訳者。訳書にキム・ヨンソプ『アンコンタクト　非接触の経済学』（小学館）、ハン・ミファ『韓国の「街の本屋」の生存探究』（クオン）、オリガ・グレベンニク『戦争日記：鉛筆1本で描いたウクライナのある家族の日々』（河出書房新社）、ソン・ウォンピョン『威風堂々キツネの尻尾』（永岡書店）などがある。

魔《ま》法《ほう》少《しょう》女《じょ》はなぜ世界《せかい》を救《すく》えなかったのか？

2023年11月15日　初版

著　者　　ペク・ソルフィ、ホン・スミン

訳　者　　渡辺麻土香

発行者　　株式会社晶文社

東京都千代田区神田神保町1-11　〒101-0051
電話　03-3518-4940（代表）・4942（編集）
URL http://www.shobunsha.co.jp

印刷・製本　中央精版印刷株式会社

ISBN 978-4-7949-7394-8 Printed in Japan